POESIA REUNIDA

MARIA LÚCIA ALVIM

/re.li.cá.rio/

A OBRA DE UM INCÓLUME CORAÇÃO

Juliana Veloso

A poeta e artista visual Maria Lúcia Alvim nasceu em uma família de artistas: pai escultor, irmão e irmã escritores – os poetas Chico Alvim e Maria Ângela Alvim. Mineira, MLA nasceu em 1932, em Araxá, na região do Triângulo. Mais tarde, mudou-se para o Rio de Janeiro, de lá para uma fazenda em Volta Grande, em Minas, e por fim para Juiz de Fora, onde morreu no início de 2021. Ao lado de Sérgio Sant'Anna e Alfredo Bosi, Maria Lúcia foi, da literatura brasileira, uma das vítimas da pandemia de covid-19. Felizmente, antes disso a poeta pôde ver um inédito seu, o livro *Batendo pasto*, ser lançado e celebrado, em 2020, por esta Relicário, depois de a autora estar há vários anos fora do circuito editorial. Lamentavelmente, Maria Lúcia não teve a oportunidade de receber nas mãos o Jabuti que esse mesmo *Batendo pasto* ganhou no fim do ano seguinte; na época, ela já havia nos deixado.

Conheci a obra de Maria Lúcia Alvim no fim da graduação, início dos anos 2010, e dediquei a minha pesquisa de mestrado (2015) ao *Romanceiro de Dona Beja*, que considero o mais brilhante de seus livros. Entre 1959 e 1980, a poeta publicou cinco obras: *XX sonetos* (Editora Fundação Cásper Líbero, 1959), *Coração incólume* (Editora Leitura, 1968), *Pose* (Editora Leitura, 1968), *Romanceiro de Dona Beja* (Editora Fontana; INL, 1979) e *A rosa malvada* (Editora Clarim, 1980). No final da década de 1980, toda essa produção foi reunida em *Vivenda: 1959-1989* (Livraria Duas Cidades, 1989), volume que integra a coleção Claro Enigma. Depois disso, MLA passou quatro décadas sem publicar (não sem escrever), afastada também dos espaços públicos da literatura, até que voltasse à cena com *Batendo pasto*. A repercussão obtida por esse livro levou à publicação, em Portugal, de uma coletânea de MLA, o volume *Antologia poética*, publicado pela editora Douda Correria no fim de 2021.

A trajetória de *Batendo pasto* é curiosa: o livro foi finalizado em 1982 e mantido na gaveta – sob os cuidados do poeta e amigo Paulo Henriques Britto – a pedido da autora, que queria que o volume só fosse publicado após sua morte. Felizmente, isso não ocorreu, o que facultou à autora a possibilidade de celebrar, junto a antigos e novos leitores, a força desses seus versos. A publicação da obra ocorreu graças a uma espécie de redescoberta de sua poesia empreendida pelos poetas Ricardo Domeneck e Guilherme Gontijo Flores. Após a publicação, MLA chegou a participar, em março de 2020, de um evento realizado em sua homenagem, no Rio de Janeiro, junto de Domeneck, Britto e vários outros amigos e leitores.

Autodidata, Maria Lúcia Alvim deixou a educação formal para se dedicar à escrita e às artes manuais. Ao longo da vida, pintou, escreveu e colou, prática que atravessa o seu fazer poético com um forte caráter imagético – um fazer que, ao mesmo tempo, realiza-se por meio de exercícios muito sofisticados com a linguagem. A originalidade dos seus versos se instaura não apenas nas formas e ideias, mas também na singular articulação que ela faz, nesses âmbitos, dos recursos do recorte e da colagem – e no empenho em fazer da sua obra um *continuum* de seu intelecto e da expansão de seu mundo poético. "Eu gosto mais de falar dos 'mundos poéticos' e não das técnicas, escolas e essa coisa toda exterior... falo em matéria de mundo poético, mundo interior, porque eu só posso sentir a poesia através desses mundos", afirmou Maria Lúcia certa vez, em uma entrevista da década de 1980.

Pensada a partir do presente, a obra de Maria Lúcia Alvim parece um tanto dissonante em relação à produção da sua geração, na medida em que a obra da autora é marcada pela introspecção e por um flanar do sujeito da poesia pelo passado, num tom particular e menor, buscando achegar-se a si por várias vias, de certa forma ignorando a efervescência social de sua época. De fato, sua voz poética faz eco à sua personalidade: discreta, reclusa, intimista. Essa postura marca um modo de recusa da voz única, levando assim à criação de uma espécie de poética e de ética próprias, como bem observou o crítico Guilherme Gontijo Flores em um de seus textos sobre a poeta. Aliás, textos e estudos sobre ela eram praticamente inexistentes até 2020, com exceção de dois breves artigos e de pontuais menções em livros de inventariação.

Sobre suas publicações, em *XX sonetos*, seu curto livro de estreia, é possível observar um eu lírico que, ao realizar um discurso, muitas vezes metapoético, produz certa dissonância entre forma e conteúdo: há no livro uma identidade fragmentária da voz poética que se contrapõe com a forma sólida e bem ajustada do soneto. De certa forma, seus poemas parecem retratar uma busca de identidade para a sua poesia – ao mesmo tempo que ela, efetivamente, a constrói por meio de novas experiências formais. Apesar disso, sua poesia não deixa de lado o caráter reflexivo e intimista, dando espaço a temáticas como a memória, o corpo e os sentimentos.

Coração incólume surge em 1968 com um tom melancólico, que já se apresenta em seu primeiro poema, "Improviso de maio", de onde sai o verso que dá título ao livro. Aqui aparecem elementos pastorais e relativos à infância, temas que serão sempre caros à poeta. O cuidado com as palavras ressalta o requinte plástico da autora – Maria Lúcia foi artista plástica e tinha suas raízes ligadas às artes – e demarca os aspectos visual e sonoro de sua poesia. No livro, assim como em toda a sua obra, a poeta explora as várias formas do poema – curtos, longos, espaçados na página –, e a presença do soneto segue se fazendo marcante. A leitura de *Coração* é um verdadeiro prazer: do livro emana um cheiro verde, assim como da maior parte de suas outras publicações, em particular, *A rosa malvada* e *Batendo pasto*.

Pose é seu livro mais curto, em que os tons terrosos e avermelhados se sobrepõem aos esverdeados. As temáticas do amor e da morte, recorrentes e relevantes na poesia de Maria Lúcia, circulam pelo livro em poemas sagazes e também curtos, com algumas poucas exceções. "A incisiva postura" é da leva dos mais longos e encerra a obra com um apanhado de imagens caras à autora, que também aparecem em outros poemas: contrastes entre realidade e memória, amor e ferida, apaziguamento e enfrentamento, sonho e aterramento.

O *Romanceiro de Dona Beja* é seu livro de mais fôlego. O longo poema épico, composto por mais de 80 poemas subdivididos em dez partes, destoa das suas demais obras pelo distanciamento que estabelece em relação à ideia da introspecção. Aqui, a poeta opta por um caminho interessante: ela nos propõe a leitura da história por um outro viés, que não o dos vencedores; apresenta-nos a narrativa dos personagens vencidos da história, ou, mais exatamente, um terceiro caminho, em que esses dois polos se articulam. É possível notar que o entoar das vozes desse poema parte de lugares sociais não comuns às narrativas de fatos históricos – por vezes, inclusive de maneira irônica, seguindo veios que extrapolam os pontos de vista tradicionais. Exemplifica essa ideia a escolha de poetizar sobre a descoberta e o desbravamento de terras do Triângulo Mineiro a partir da existência e da atuação de uma personagem feminina, a cortesã Dona Beja.

Nesse poema, Maria Lúcia não segue a métrica tradicional dos romanceiros ou as regras de seus tipos de rimas e versos. Esse longo poema vai desnudando sua riqueza estilística a partir do trabalho com o verso livre, o soneto decassílabo, a redondilha, o haicai, a trova, a sextina. O *Romanceiro* é entretecido por um movimento de vai e vem: a terra onde o ir e vir de Dona Beja é narrado, de onde brota o Triângulo Mineiro, é a mesma terra da infância da poeta, da herança familiar; a história ali recuperada é também memória, ficção; a poesia nascida da universalidade da criação de Maria Lúcia é atravessada por um particular retorno ao lar; a busca mítica pela origem que move todo o seu poema é, ao cabo, também um retorno a si mesma.

Em *A rosa malvada*, Maria Lúcia Alvim segue trabalhando com elementos do campo e da terra, assim como fizera em seu contemporâneo *Batendo pasto*. A morte, o amor e o erótico são trazidos à luz por meio de poemas curtos, sonetos e alguns poemas longos. Autorreferenciais e metapoéticos, os poemas-piada aparecem com mais força aqui, inclusive como referência e homenagem ao irmão, o poeta Chico Alvim. No livro, a construção da sensibilidade se dá por meio da sutileza e do lirismo.

Produzido em 1982, *Batendo pasto* confere ainda mais corpo aos aspectos-chave da produção poética de Maria Lúcia Alvim: as temáticas do campo e da terra, da figura feminina, do erotismo ressurgem, mas com um tom um pouco menos introvertido. A obra segue o trabalho da poeta com os contrastes: a dicção elevada, com vocabulário muitas vezes rebuscado, convive com termos e temas regionais relativos à vida interiorana, rural. Os poemas de *Batendo pasto* exploram bastante a sonoridade; durante a leitura, eles saltam da página, convidando-nos a repeti-los em voz alta. Trata-se de um livro bastante solar, ainda que ressoe, por vezes, simultaneamente melancólico.

Junto dessas cinco obras, em *Poesia reunida* são publicados pela primeira vez os inéditos *Rabo do olho* (1992) e *Sala de branco – Vinte variações* (2002), além de poemas esparsos. São momentos em que a colagem aparece com força outra vez. Um dos destaques dessas seções, por exemplo, é o "Poema único", trabalho composto exclusivamente com recortes de Ferreira Gullar. Recorrentes em sua obra como um todo (em particular, no livro *A rosa malvada*), as passagens e os poemas em francês – língua de importante influência para a poeta – vão aparecer ainda mais nessa fase.

Em *Rabo do olho*, por exemplo, Maria Lúcia Alvim se vale da língua francesa para estabelecer a sua definição exemplar do poder da poesia:

La poésie est une/ chose aussi précise/ que la géométrie./ L'induction vaut la/ déduction, et puis,// arrivé à un certain/ point, on ne se trompe/ plus quant à tout ce/ qui est de l'âme.[1] De fato, essa precisão geométrica se faz ver nos demais poemas do livro e em sua obra como um todo.

Em *Sala de branco – Vinte Variações*, poemas homenageiam grandes nomes da literatura brasileira e estrangeira, de Baudelaire a Lispector, de Verlaine a Bilac: "amigos que não conheci pessoalmente", ela diz no início do volume, "mas com os quais convivo há sessenta anos". Aqui estão reunidos poemas de um mundo fora do tempo: o mundo via *tradução*; o mundo da comunhão "mesmo à distância", "mesmo entre mortos e vivos". Como sempre, algo do bucólico mundo natural – a vegetação, os insetos, os animais – atravessa os poemas.

•

Vivemos um mundo em que a linguagem é corrompida por vários clichês e jargões – os jargões do direito, da burocracia, das redes sociais, dos canais de comunicação, da política –, pela banalidade e pela vileza; um mundo cada vez mais sem espaço para as subjetividades. Nesse contexto, uma poética que se constrói ao pensar a vida, a morte, o amor, o mato, a vida interior e do interior, por meio do labor com a linguagem e com as imagens, como a de Maria Lúcia Alvim, atua como um protesto contra o mundo e nos atravessa de modo atemporal.

A teoria da poesia ensina que é preciso acostumar os olhos à obscuridade para se aprender a ler um poema. A reunião da obra aqui presente nos convida a cerrar os olhos e a *aprender* Maria Lúcia. Todos estes são poemas de um incólume coração. O coração de uma poeta que partiu, mas nos deixou a íntegra viva de uma obra lúcida, orvalhada, verdejante, na iminência de nos revivificar. Permitamo-nos a fruição desse *ver-de* ao ler Maria Lúcia Alvim.

....

1. Versos de Flaubert. [N. E.] *Rabo do olho* é todo permeado por colagens de versos do escritor francês. Ver proposta de tradução na p. 395.

Nas edições aqui apresentadas de *A rosa malvada* (1980), *Romanceiro de Dona Beja* (1979), *Pose* (1968), *Coração incólume* (1968) e *XX sonetos* (1959), seguimos o texto estabelecido na coletânea *Vivenda - 1959-1989* (Livraria Duas Cidades, 1989), porém tomamos a liberdade de reorganizar os livros em ordem cronológica.

Vivenda foi publicada na coleção Claro Enigma, coordenada por Augusto Massi. A obra reunia todas as publicações de Maria Lúcia Alvim até então, com capa de Moema Cavalcanti, desenho da autora e orelha de Berta Waldman.

XX SONETOS

(1959)

Para Ângela, minha irmã

– P'ra que me sonha a beleza,
Se a não posso transmigrar?...
Mário de Sá-Carneiro

Vinde meu verso. Só eu vos assisto
e cresço em vosso halo e me adormeço
e faço da memória sem começo
a última enseada em que persisto.
Vinde meu verso. Pronto vos resisto
assim me calo perto vos esqueço
e sei destes mistérios imprevistos
ou súbito desvelo: meu avesso.
Falai de vossas cristas projetadas
além de vosso canto — destes medos
e nesta sempre espera renovada
em azuis pressentidos nos vargedos.
Perdi-vos ao saber vossa morada
de silêncios refiz vossos segredos.

XX sonetos recebeu o primeiro prêmio no V Concurso de Poesia de *A Gazeta*, em 1958, e foi publicado em 1959 com capa de Jean Guillaume, gravura de Mário Carneiro e desenho de Enrico Bianco, pela Seção de Obras da Fundação Cásper Líbero. O soneto XII tem uma ligeira alteração no primeiro verso em relação à edição original; no mais, os sonetos da primeira publicação estão todos em caixa alta e itálico, exceto o primeiro, não numerado e apenas em caixa alta. Houve uma reedição da obra em 2011, pela Editora Bem-te-vi.

NARCISO

O mon Désir, murmure à mon désir,
Quelle grand soif ma lèvre qui t'effleure
Se sent de moi que je ne puis saisir!...
Fils de lumière, image, songe ou leurre,
Narcisse aimé, si tu veux que je meure
Demeure songe et demeure désir!...
[Ó meu Desejo, murmura ao meu desejo,
Que grande sede meu lábio que te aflora
Se sente de mim, que não posso tomar!...
Filho de luz, imagem, sonho ou isca,
Narciso amado, se tu queres que eu morra
Permanece sonho e permanece desejo!...]
Cantate du Narcisse, Scène II
Paul Valéry

I

Narciso – de ti alheia
sou imagem esclarecida –
visão que me viu primeira
em beleza precedida
– tu que o mistério refazes
na superfície do ser
de onde será que me trazes
esta certeza de ver?
Mais fácil talvez seria
minha visão transmudada
(eu sei que te perderia)
fosse sem ti acabada;
o que soubeste conter
longe eu buscasse rever.

II

Estância de meu corpo (permanência
além da própria essência) hoje regresso
em órbita sem rumo e sem acesso
ao tempo improvisado só de ausência;
fora travo de sonho vã demência
estar em vosso bojo mais submerso
quando tudo gravita em mar disperso
alheio mesmo à sua transparência.
Presságios de ser: ermo labirinto
onde resvala a véspera do instinto
em cadeias de espanto nunca findo
qual teias imprecisas se insurgindo
pairando sobre neutra contextura
(ainda corpo) e nada se inaugura

III

Em sendo mais do que sou
já não alcanço momento
que sobreleve pairou
só no que sou-pensamento;
buscara em mim padecendo
tudo que não me consinto
coisas que nunca sabendo
souberam tudo que sinto;
esbarro tão transparente
neste fundo que ficou
onde tudo passa rente
quando tão alheia estou
que percebi de repente
vida por mim que passou.

IV

Passei por mim: primeiro meu semblante
qual estrela caída em pleno dia
(que se não vê mas a ela só se via)
surgindo me fixou o seu instante;
depois meu corpo: mesmo assim errante
mais longas esquivanças percorria
próximo a sua foz ou agonia
à espera de certeza bem distante;
sequer me perpetuo estando diante
da imagem a que pertenço pois deixara
no tempo a mais precisa e semelhante
– nem me importa o passar se me fez rara
mas de vontades sempre tão constante
que manhã não me vem só por ser clara.

V

O que antes fora espelhos (arremesso
num tempo sem memória) fez-se agora
alheia ressonância em que demora
a véspera do sonho – se me esqueço
mas afeita a esta ausência permaneço;
sou flanco e intermédio – e se me aflora
qual roteiro em meu corpo – e se incorpora
ao mais contido canto se anoiteço.
Estado de amor (cerco) talvez hora
nenhum cuidado geras desconheço
tua órbita de espanto transitória.
Enquanto só em vestígios transpareço
além novo sentido se elabora:
assim gravitam coisas sem começo.

ONDE TEMPO QUE ME DATE

Minhas mesmas emoções
São coisas que me acontecem.
Fernando Pessoa

VI

Onde tempo que me date
e não me faça perder
quando no tempo me afaste
do que fui antes de ser
– esta vida que me assiste
não me deixa transmigrar
se perto amor me consiste
não me posso acrescentar;
renasce antigo erro: cedo
não distingo ser e medo
ou vontade de parar.
A nada me posso dar
se dependo de vontades
que reúnam essas metades.

VII

Amor razão das coisas imprecisas
buscando seus contornos ignorados
momentos onde estás imobilizas
o que em mim é querer recomeçado;
gravito assim em torno de teus medos
mas neles permaneço aprisionada
aquilo que assumiste são segredos
de outra vida talvez imaginada.
Os teus caminhos por mim presumidos
já muitos se fizeram percorridos
mas poucos me foram apaziguados
e pressinto teus mundos consumados
onde virei filtrar minha lembrança
para novo sentir que já me alcança.

VIII

Em coisas passadas estive
tão fora de mim que voltei
momento nenhum me detive
estando naquilo que sei
– mas em ter apenas deixado
espaços que sempre habitei
meu ser permanece voltado
a tudo que sendo fiquei;
enganos os tive ao pensar
que a todo sentir me bastasse
o tempo que presenciei
ou mundos que pude ocupar

ah quando em morte me encontrasse
nesta vida onde não me achei.

IX

Tamanho mal – aquele que perdura
é quando seu penar não determina –
(ó peregrina ó face futura)
que tão próxima tanto se me inclina;
e mais me consome mais se depura
esta visão preclara que elimina
o perceber verdade já madura
onde tudo me excede após declina;
de tanto imaginar eu vou sentida
em nada me foi dado anteceder
este pairar em coisa pressentida
– um bem maior não posso pretender;
e longe do que fui mas esquecida
revejo um outro mal a conceber.

X

Sempre lembrado amor
perdi-vos – que de tanto
marchetar minha dor
quedou-se meu espanto
ando em mim a supor
sem vestígios de pranto
qualquer coisa que for
maior que o desencanto;
não mais amor me obriga
dele ser avisada
se em meu peito castiga
o querer-me lembrada
por bem talvez consiga
ver-me desenganada.

XI

Eu quero reduzir minha estrutura
mas que seja de modo sobreleve
com gesto exato e com palavra breve
que sendo breve seja sempre pura;
meu verso virei a compreender
ou qualquer som perdido pela altura
quanto à cor ah que a cor seja o que dura
quando em mim tudo mais deixar de ver.
As coisas que souberam ser vividas
serão em seus instantes percebidas
já muitas se refazem ao morrer;
assim eu poderei reconhecer
em meio ao que sou sempre se extinguindo
este ocaso de ser me ressurgindo.

XII

O olho transpõe a vidraça[1]
E alcança o olhar – também
o pensamento se esgarça
fura vidraças – além
não há nada que refaça
memória se me não vem –
o que sou tão longe passa:
ao saber de mim ninguém
em certeza só trespassa
as outras que vivo sem
(ó visão – já me ultrapassa
o querer de mim alguém)
mas lentamente se embaça
se esvai o que olhar detém.

....

1. [N. E.] Na edição original de *XX sonetos* (1959), o verso 1 aparece da seguinte forma: "O olho transpôs a vidraça".

XIII

Os sonhos me perseguiram
eu não me pude ausentar
e quando bem me feriram
não os pude abandonar;
será que vida passando
não me consegue livrar?
Será que sonhos pensando
me impedirei de sonhar?
Há muito não percebia
no tempo sequer sentia
– peso das coisas pesar.
Tudo que me quis guardar
partiu-se em vários pedaços
de sonhos e de cansaços.

PROXIMIDADE

Para Sá de Miranda,
lembrando:

Desejos demasiados não
são desejos de vida.

XIV

Quisera tanto que durasse
qualquer desejo em qualquer dia
que mesmo sendo em demasia
eu deles nunca me fartasse;
assim enquanto não houvesse
nada mais que vos sugerisse
então que a vida ressurgisse
e só desejos refizesse;
porque deixei vossa verdade
ó coisas já feitas de espera
quando sempre tudo soubera
tão cheio de realidade;

pois bem sei que ando consumida
mas por desejos que são vida.

XV

para meus pais

Ó súbitas manhãs ó madrugadas
resto de noite que ainda subsiste
entre tantas auroras consumadas
guardais essa beleza sempre triste;
não vindes nem de luas celebradas
nem sois enquanto a noite vos assiste
as vossas claridades prenunciadas
foram além do dia que não vistes;
em todas essas idas malfadadas
aos poucos vossa luz se dispersou
plantas noturnas vastas madrugadas
que alguma luz mais forte castigou
quando breve se viram apartadas
aurora sobrevém: e se fechou.

XVI

para Mário de Sá-Carneiro

Mário – abeira-se transitória
nau – *Indícios de Oiro* serão
durante viagem irrisória
as flores de tua intenção;
quando teu ser mais se incorpora
e a ti consome – perdição
(dardo de lâmina ilusória)
vai rompendo tua extensão.
Porém vida não consentida
teu silêncio quis aflorar
em árduas adagas urdida.
Mas neste seu antecipar
a morte qual rosa assumida
ao teu largo foi-se ofertar.

XVII

para Ângela, minha irmã

És no tempo o que passa mas flutuas
noutro tempo mais livre e permanente
onde ausente serias tu somente
a ser e demorar nas coisas tuas;
novos espaços te cercam – recua
também aquela ausência – consciente
projetas o teu gesto transparente
que vai além de ti e continua;
se viver não te basta nem situa
a forma de teu mundo inexistente
fizeste mais alheia a espera tua
neste andar pela vida descontente;
perduras incontida e insinuas
a vontade de ser em ti presente.

XVIII

para Lélia

Verbena (mas coisa vã)
imponderável alfaquim
numa imatura manhã
em breve azul de calim
talvez precária e malsã
quase prenúncio de mim
olho tangido (avelã)
implacável serafim.
Fora tempo infância – agora
grave sucinto demora –
e tudo se faz silente
sonhos ou canto de ausente
instantes resvalam onde
o verso acode e responde.

XIX

para meu irmão Francisco

Em teu alheio remanso
o azul flutua no espaço
(meu arlequim de Picasso
esboça teu ar esconso)
venho colher este manso
e vago sentir de abraço
enquanto um sonho perfaço
de vogar em teu descanso.
O tempo fez-se promessa
Em ledo brotar – o dia
a vida que se arremessa
onde dantes nada havia
assim chegaste; não cessa
querença por mais tardia.

CORAÇÃO INCÓLUME

(1968)

A meus pais

Nous sommes des créatures tellement mobiles,
que, les sentiments que nous feignons, nous
finissons par les éprouver.
[Nós somos criaturas tão móveis,
que os sentimentos que fingimos
nós terminamos por prová-los.]
Benjamin Constant

Coração incólume foi publicado em 1968 pela Editora Leitura, depois de receber menção honrosa na edição de 1965 do Concurso Nacional de Poesia do Instituto Nacional do Mate. Sem textos de orelha ou de quarta capa, apresenta capa de Marco Paulo. Em *Vivenda* (e consequentemente aqui), "Poema saturniano" sofreu uma divisão levemente diferente nas últimas duas partes (IV e V), e o último verso de "[Simétricas, aguçam almofadas]" teve um erro tipográfico corrigido.

IMPROVISO DE MAIO

Não deixarei que o desgosto
renegue meu ser inteiro:
na superfície dos corpos
qualquer amor é o primeiro.

Se diligente, que importa
o modo frusto e incompleto:
somente as coisas do corpo
nutrem apetite certo.

Nem seria o sentimento
capaz de cristalizar
toda essa faina de afetos
da dinâmica de amar.

Tampouco sabem os meandros
incoercíveis da mente –
a conspurcar o sentido
daquilo que o corpo sente.

Farei que este amor – suposto
que a premunir-se, desperte –
seja ferido de morte
por um demônio solerte.

Induções, desvalimentos,
isentos do negro humor
no gosto pelas soberbas
funambulices da dor.

Que a perda de amor consiste
num episódio banal:
não é a forma que imprime
com indelével sinal,

mas a volúpia que elide
rostos e corpos e instiga
à contínua vigilância
o ser que a sustenta e abriga.

De Maio aqui me despeço
– ó singular compulsão! –
as duas mãos segurando
incólume, o coração.

CARTÃO-POSTAL

para Chico

Repente de tarde. Plana. Ceifada.
Âncoras amorteceram o peso
e se liquefazem.
Apagam-se ruivos outeiros.

Dois namorados olham o mar.

Um pássaro de insólito voo
roçou-lhes o ombro.
– Seremos assim potentes?
E subitamente puseram-se
a ferir-se a ferir-se
a ferir-se.

NOTURNO

A noite talvez me respire
luto instantâneo e definitivo dentro do amplo disfarce

INCÓGNITA

Se a morte
                    ao corpo
é invisível,
porque fechar-lhe os olhos
depois de morto?

Se a nudez
                    do morto
é seu próprio luto,
para que revesti-la
de Absoluto?

– Nada está mais próximo
unido um ao outro,
que a morte
ao corpo –
assim como a água
à sua transparência.

PAISAGEM EXPRESSIONISTA VISTA DE UM BERÇO

Através de brancas rendas
cortinados transparentes azulados plumetis
soldadinhos de alfinete na defesa contra vaga-lumes borboletas
  [louva-a-deus
– olhávamos,
ínfimos róseos inexpressivos
ao som de neutros chocalhos debaixo de árvores seculares:
– éramos um mundo à parte.

Boiávamos em torno de inexplicável ausência que
se ia avolumando se agigantando
que ao mesmo tempo se reduzia
à passiva beatitude (poderia também chamar-se nossa
primeira participação no equilíbrio plástico de tudo que nos cerca e,
de certa forma, nos transcende).

Sentíamos então as coisas se moverem
ininterruptamente
extrovertidas viradas umas para as outras
descontraídas
– céu montanha eucaliptos
pareciam gente –
quanto às cores eram vigorosas senão desbotariam com tanta luz.

Foi assim que, sem querer, começamos a amar Soutine.

PASTORAL

Corpo – rebanho manso e incorruptível
que o coração
obscurece.

BALANÇO

Nesta beira da noite
vozes descuidadas velozes
soam no campo do ouvido;
meu ombro esquerdo meu dorso
meus membros inconsistentes
meu colar meu engodo
lavram o silêncio
nas rotas do olvido;
minha memória feitura
degredo deste meu dia
onde concluo onde habito
e onde me excluo.

O BEIJO

Na boca fechada,
omissa, vermelha,
que mudo sigilo
por dentro se trava?

Apenas sepulcro
de farsas e ritos,
também de detritos,
de simples avisos?

Na boca fechada
a dura fissura
do riso se plasma,
a branca saliva

– espessa mortalha –
os dentes dissolve
num fio de espuma;
na boca fechada

que sombra de atrito
na língua se trava?
É a boca em si mesma
a se decompor?

É a voz que se cala
no fundo do poço?
Seriam gemidos
ou gritos de dor,

de guerra, de amor,
no avesso ecoando
querendo romper
a vã comissura?

– É pura abstração
síntese e coágulo
em urna abafada
gerado entre vermes,

lavou-se, puniu-se,
depois rebelou-se
agora se evola
em forma de beijo.

PASSARINHO

Plumagem de arcanjos
inadvertidos –
torná-los visíveis
certo foi obra
de decaídos.

Presença tão leve
(inspiração)
ouvir-lhes o canto
é aprendizado
à perfeição.

POEMA SATURNIANO

I

Ferimos e somos feridos
– sob mares avulsos
marinheiros de
ondulantes patins
semeiam naufrágios.

II

De pai para filho
de irmão para irmão
de igual para igual
– o mal
possui os olhos grandes da complacência
em cuja pupila
um dia
nos perdemos.

III

Na fúria de ferir
iluminados,
celebramos – efusivamente
abraçados – nosso
aniversário.

IV

Há pássaros voando no ar contaminado –
mecanicamente
braços envolvem cinturas
pesadas de indiferença.

V

Na primavera
distribuiremos pêsames
como pétalas de rosas.[1]

1. [N. E.] Na edição original de *Coração incólume* (1968), a parte IV do poema se encerra com "mecanicamente", enquanto a parte V se inicia com "braços envolvem cinturas".

RETRATO

Apenas justo
oval: o rosto
nada revela
além do traço

puro, formal.
Também o corpo
na pose elíptica
repousa, além

da curva lisa
precisa e breve.
– O exato crivo
a forma solta,

eis a receita
de raro timbre:
Henri Matisse
cinge o mistério.

SANATÓRIO DE BOTAFOGO

Mortos? Não. Ainda corpos
em concisa posição.

No jardim tartarugas decorativas sorriem de mãos dadas.
O alumínio das janelas dói um pouco na vista
entretanto não há privilégios.
A rede da mesa de pingue-pongue é comunicativa,
as cartas do baralho dobram-se à cumplicidade.
Entre cada gradil existe uma pausa, uma hipérbole
ou simplesmente a fuga.

Súbitos muros transponho.
Claro sonho.

Nos corredores é que se encontram os limites
insaciáveis, inexoráveis, imponderáveis
da solidão.
Portas entreabertas silenciam,
brancos lençóis subtraindo
cores;
rumor de flores em declínio, contínuo desabar de rasas plumas:
– asas do medo a transmigrar.

OCIOSIDADE

Na grama expansiva
meu corpo debruça.
Não quero escrever.
O tempo sugere
mil outros convívios
alinhados em
grupos e acalantos
remissíveis. Já
me desfaço de
alguns atributos
que mais me pesavam
pois imerecidos.
Poema certeiro
colante insuspeito
não sei fabricar.
Prefiro sentir
a vida ao meu lado
imóvel suspensa
num fio secreto,
os raros afetos
dispostos no jarro
como ramalhetes,
os gestos urgentes
subindo nas árvores,
a nítida mágoa
na ponta do dedo,
o remanescente
jugo. Desamor.
As coisas presentes
passadas futuras
somadas apenas
fazem uma só:
– morrer de mentira
serve de consolo.

POEMA A INGMAR BERGMAN

Corte
mina
lisura
– a mão é suave
                    à alma
dura.

Cilício
– veladura
entre o mistério
                    e a carne
pura.

– Ó clarividente
que te comprazes
na sede de ambas:

carne –
          porto sagaz

alma –
          retrato reincidente.

EPITÁFIO

Manhã. Galo de Outubro
frio, preciso, rubro.

Filamentos de renda
nutrem o talho, a tenda.

Branca esfera balança
a mercúrea trança.

Sobre pálpebra alerta
baixa a cor mais deserta.

SONETOS ORNAMENTAIS

TOURO

Negra é a sorte
meigo bisonte.
Sequer a morte
tão informal

vem surpreender-te
na solidão.
(Saber morrer
plasticamente,

dura lição).
Ajaezado
ornamental

teu vivo sangue
o velo insonte
cobre. Final.

NATUREZA MORTA

Garrafas

Banhadas numa luz reincidente
contra o branco sonoro da parede
garrafas de Morandi filtram verdes
– que em verde é que se banham, frente a frente.

Linha de rigidez incandescente
prenhe de ocres, azuis, que junto ao verde
vem enxugar a lâmina de sede
para morrer em sombras, densamente.

Eis o vidro na sua natureza
carpindo diamantes – mineral –
nas formas inconcisas a nudeza

acorda em cambiantes, vertical.
No bojo das garrafas a beleza
assiste a seu momento de cristal.

FAZENDA

Musas de infância ungiam meus sentidos
Jorge de Lima

I

Fora sonho. Brotavam nos barrancos
pupilas-luminárias e serpentes
barbirruivas poliam sortilégios
no gramado de farpas cintilantes.

Eram sopros velozes de tamancos
e borralhos de gatos penitentes,
e pardos corredores e duendes
com seus passos de lenha vigilantes.

Redes fustigam luas – na varanda
samambaias de crinas atiladas
e dedos galopantes de ciranda

fazem girar as rodas da cadeira;
e meu avô, os punhos acordados
improvisa, no ar, uma porteira.

II

A colcha de crochê, à luz da vela
desaba sobre os vultos da fazenda
que numa procissão de sombra e renda
tecem tranças no colo das donzelas.

Agulhas crivam frutos na janela,
em novelos exangues nascem lendas
gaiolas sonambúlicas e sendas
de aranhas desfiando suas telas.

São noites de magia em que as mucamas
povoam a alameda, pendem tramas
de seus ombros de franjas e perfumes.

Nas gargantas deslizam vaga-lumes
e pelos paredões pelos telhados
canteiros de asas rubras, debruçados.

III

Vínhamos de vermelho nos vestidos
para o tempo de férias represado,
pintávamos de roxo os olhos frios
que o cio dos cavalos azulava.

Na febre adolescente sufocávamos
mariposas no peito e as coxas claras
tisnavam-se de sangue ao sol das tardes.
Brinquedos de amor tinham o talante

mistério dos pomares: cabeludas
douradas, suculentas, misturavam-se
ao sumo de carinhos prematuros.

Pesavam na atmosfera cachos líquidos
de trepadeiras mortas enforcadas,
mas tudo era vertigem e era limpo.

NOMES

Pontos de crochê

Enamorado, abrolhos, *mignardise*,
– símbolos infantis, gula, bailados
que a memória sorvia, que nos lábios
bailavam como frutas, comidinhas.

Eram pálidos músicos de Bremen,
princesas de filó, gnomos, soldados,
carruagens de alfombra que baixavam
no terreiro de pedra, e desfaziam-se.

Espinho, medalhão, abaritã,
– com dedos peregrinos minha avó
as pálpebras do sonho estremecia:

no limbo das toalhas o passado
um perfume de lágrima esparzia
entre suspiros longos das cortinas.

Fazendas

... Barrinha – tradição
ferida aurifulgente – infância, gritos
de amor na escuridão, e o cobertor
de onça cobrindo o medo das crianças.

Solidão de palmeiras afiladas
– embora não se note nos retratos
a ternura do norte de ti'Ângela –
Desengano, porém Feliz, chamava-se.

Canteiro de papoulas no regaço
de pródiga menina, claros verdes
vernantes nas colinas: Pouso Alegre.

O mistério morava nas gavetas
das tias vigilantes, relicário
de esquivo talismã: Glória, Pombal.

ORNAMENTOS

Há sempre em nossa vida um toucador
ornando conjeturas. Pelos cantos
alcobaças atônitas em flor
oscilam por lilases e amarantos.

Espelhos contraídos no esplendor
de múltiplos contrastes e quebrantos,
meu rosto matizado num palor
de sombras verdes, ébanos espantos.

Modulam pergaminhos castiçais
lúcidas porcelanas, e cristais
se arrojam entonando azulescências.

Este sábio fulgor das aparências
traz meus olhos à fímbria do momento:
não é mais que um jogral, o pensamento.

Ando tão fútil, nada meu se vê
ondular em cadência imperativa;
brocados e camurças possessivas
e saias cultivadas à Paul Klee

conspiram fugas, nada meu se crê.
Sedas supérfluas, lãs rebarbativas
naturezas agrestes e furtivas
esboçam placidez, não sei de quê.

Meu corpo se antecipa desatento,
franze tules mortiços e violentos
imprimés fluem à sua miragem.

Os tons intensificam-se à passagem
de neutros filamentos, sombreando
transitórias vestais, de quando em quando.

Na estática postura do meu braço
chumbos marciais, pérolas ligeiras
pulsam num turbamento de pulseiras
falanges e fagulhas e estilhaços.

Correntes inaudíveis, feiticeiras,
pesam ao meu pescoço, pelo espaço
voam medalhões, álgidos de abraços
em crispações aladas de fogueira.

Bárbaros atavios, cinturões
facetam estruturas e alusões
e bronzes taciturnos, vãos receios.

No convívio, metais, destes enleios
minha pele declina opacidades:
sorveram-me teus poros, claridades.

Afiam meus cabelos diademas
sobre frontes estáveis. Olhos, bocas,
de um salto se devoram e as pestanas
são pálios assombrados. Ágeis águas

marinhas e lacônicas safiras
singram jaspes, opalas, turmalinas.
Acendem-se nas têmporas resquícios
de veias marchetadas, arfam brincos

nas orelhas-ardis, galvanizadas
– Hermética beldade, tu, vaidade
entre alfaias contritas deslizando,

a coifa de rubis a matizar-te
o coração, que gira ensandecido
pelo brilho feroz de um adereço.

Olhando minhas mãos transponho o crivo
de góticas e fulvas catedrais;
em seus dedos anéis intempestivos
são enleios sonoros medievais.

Há falsa transparência no estar vivo
ostentando turquesas marginais;
prefiro vãos adornos subjetivos
por serem mais opacos e brutais.

Já meu anel bretão, o primitivo,
confere soberana barbaria
ao cravar no seu bojo sensitivo

palavras de contida prataria:
feal arvor atao,[2] vagos motivos
ocultos e silentes, romaria.

....

2. [N. E.] A inscrição *feal arvor atao* aparece em alguns broches e anéis bretões, e o texto nessa língua parece designar "para sempre fiel" (*atao feal*) e dar a localização de Armor (*arvor*). É possível encontrar algumas imagens dessas joias na internet.

Minha piteira de marfim polido
com seu esguio timbre adamascado
cinge brando cigarro, que aspirado
todo me dilui num estar-ungido.

Também o negro estojo aveludado
supõe divagações em sustenido:
ó rútilos desejos renascidos
ao longo de cetins inanimados.

Cigarreiras flamantes, densos cromos,
isqueiros de ouro e prata: ora somos
vossa palma de gesto intermitente.

Que para penetrarmos no domínio
das coisas, em seu reino e seu fascínio,
é preciso sondá-las, reluzentes.

Urdiram matinais cintilações
o tapete *bordeaux*, esvanecido;
fora sonho ou seriam mil sentidos
a urdirem tão sutis cogitações?

Com passos de pelúcia, enlanguescidos,
meus pés roçam pretextos e ilusões –
que também sonham, juntos, confundidos
num só ritmo, felinas proporções.

Com a cor quis travar entendimentos
simbólicos, reais alheamentos –
um manto roxo estendo sobre mim:

ao perceber instintos marchetados
entre roxo e *bordeaux*, estilizados
enredos vou tecer no azul-calim.

Simétricas, aguçam almofadas
cansaços. Filifelpos e ravinas
sulcam meu dorso, lua sibilina,
acantos e verbenas mutiladas

simulam devaneios em surdina.
Certezas de feições alcantiladas
giram verticais, vibram atenuadas.
Róseas plumas, sidéreas opalinas

sucumbem delirantes; já nem sinto
prenúncios de alfazemas ou absinto;
tudo se esvai, cansaços, filigranas,

biombos visionários, virgens planas,
superfícies timbradas, flor cinzenta,
ânsias a se esgarçarem, sonolentas.[3]

3. [N. E.] Na edição de 1968 da obra, o último verso apresentava uma gralha, que foi corrigida em *Vivenda*. Em lugar da preposição "a" após "ânsias", havia uma letra "e".

POSE

(1968)

A Marco Paulo

Pose foi publicado em 1968 pela Editora Leitura, com vinheta de Maria Ângela Alvim e capa de Marco Paulo, a quem o livro era também dedicado (fato suprimido em *Vivenda*). Não havia textos de orelha ou de quarta capa. Na edição de *Vivenda* foram retirados os "Três poemas para Ângela", que agora reeditamos na seção "Poemas esparsos".

TÍMIDA CONFIDÊNCIA DE UM POEMA

Em tudo há um sentimento
vigilante
que procura vir à luz do dia –
raro nos é dado
saber quando
devemos acender-lhe a boca fria.
É por isso que vamos ficando
cada vez mais fechados –
covardia
ou surdo magnetismo
palpitando
entre o que fala e o que silencia.

MERCADO DE FLORES

Para muitos
                    a violeta
simboliza queixumes –
                porém
o que nela me atrai
é seu
roxo
potencial de ciúmes

AXIOMA EM HOMENAGEM A VALÉRY

A precisão de um bisturi
com evoluções de serpente:
– si la pensée se dégage
la chair nous avertit.[1]

....

1. [N. E.] Trad.: "se o pensamento se libera/ a carne nos alerta". Não foi possível encontrar a fonte e determinar se se trata de uma citação.

MÁGICO DESAFIO

Um filho não deveria
ser feito
para cumprir mandamentos, para
povoar
a solidária solidão
de pares amorosos, improvisados
e mesmo contrafeitos –

o filho, quando concebido,
seria para
provar
apenas isto:
a matéria ou
mistério
ou vida
desafiando o pensamento.

AFIRMATIVA DE VERÃO

para Ismael Cardim

Nada a celebrar
na clara manhã.
Iremos à praia
que o sol desvirtua

limites, contornos,
tornando-os difusos
trêmulos, porosos –
assim como nós:

amoleceremos
num doce torpor.
Impedir que o mal
desmanche os cabelos

e a melancolia
use nossas roupas
seria o bastante?
– ou então cruzar

na rua um passante
contar-lhe que temos
um defeito físico?
– sorver em seu rosto

a falsa alegria?
(mormaço de amor).
Porém o melhor
é sempre dormir –

a ação desaltera
os nossos sentidos
nutridos na chama
falaz da ilusão.

INSTANTÂNEO

O mesmo triunfo
alado:
        amantes
quando enlaçados
e os corpos
dos enforcados.

ESTUDO DE CHOPIN

Alguém bate à porta.
Se acaso for
a morte
abrirei – se o amor,
não –
pois nunca se lembra
de trazer à lapela
a flor
        vermelha
que o meu coração
        exige.

COR E PALAVRA

Musas inimigas
a cor e a palavra:
aquela redime,
a outra calcina.

Em nossa fraqueza
com ambas dormimos,
pois que nos transmitem
tal temperatura

à branca epiderme
e à alma sem cura,
que não poderíamos
optar por nenhuma.

A cor é meu forte
(minha confidente)
e nunca se altera
quando menstruada.

Porém as palavras
possuem malícia –
também apunhalam
e viram ferida.

ÚLTIMO ESPELHO

para Lélia

O que há
de fuga no olhar
de farsa ou de ira
– escurecerá.

O que resta
de morno suplício
na polpa dos lábios
– se consumará.

Ó diamante
difícil de amar!
aceso na fronte
– não se apagará.

CALEIDOSCÓPIO

Desintegrada a
Beleza
tudo mais é atitude –

com exceção da
Morte
que é o Sono-Virtude.

RUPTURA

Eram dois corpos submissos
ao comum apelo –
espécie de rito a sorvê-los
sem alarde, cicatriz.

Olhavam-se tão possuídos
como através de um espelho –
viam ser impossível
a tal amor
transcendê-lo.

Surge então o conflito
entre corpo e pensamento:
se a dádiva é invisível
e amar
conhecimento?

Ei-los prisioneiros
que se interrogam em vão –
o orgulho a arrefecê-los
negam a própria
paixão.

Já separados perseguem
o que destruíram no medo:
remorso
falso desejo
– mergulho à flor da pele.

CIRANDA

Não se trata de amor mas de magia

Suspiros galopam
desabrochados
aliciando caminhos:
nenhum disfarce
no tédio das sepulturas.

ROTEIRO AMOROSO

Feridos na carne
no abraço
(sempre mais fúria que laço)
simulam, os amantes,
querer-se
                    além
da mútua invenção –
porém quando saciados
percebem a antiga
ilusão –
agora mais solitários
buscam, ainda,
a volúpia

na comunhão de perder-se.

CICLO

Ora se exime, ora se expande
a intimidade do sangue:
– menstruação
mera retórica.

SONETO MASOQUISTA

Em todo sofrimento há fantasia –
por isto não me importo de sofrer.
Passeio pela turva galeria
os olhos rutilantes de prazer.
Com as pequenas mágoas trocaria
juramentos discretos. Ao querer
fitar a Dor de perto (fulva e esguia
fremia generosa), já meu ser
premeditava os beijos mais secretos.
Se cruzarmos, acaso, com a Morte
enlaçaremos seu esquivo porte
num ardor brutal, último e completo.
Pois que tudo é fugaz, contrário e pouco
tanto faz sermos maus, santos ou loucos.

DOIS POEMAS EM MEMÓRIA DE MAUD

I

No palco, sozinha,
dança a menina
em crepe e tanagra
adelgaçada.

Transfigurada
entre luz e mímica
– é Polichinelo
que tange em surdina.

II

Definitiva
em amorosa *toccata* –
morrer é como se fora
fuga de *innamorata*.

A INCISIVA POSTURA

Eis-me de pronto
cerrada
em minha própria moldura –
suma adesão,
abertura
de mim para mim,
encontro
em brancas paredes,
abandono – antes
fuga, hoje
confronto.

A mim levada em vertiginosa berlinda,
distendida
ampliada
através de múltiplos espelhos
que deixavam-se penetrar na austera fidelidade,
impelida
de corpo e alma
para o exorcismo de minuciosos insetos intimadores de equívocos –
emergindo
à tona da memória
como o arco-íris se debruça sobre a terra em atenta contemplação.

Ó realidade
rude fastígio – tão solta
exposta
a qualquer convívio
e eu
presa, envolta
indistintamente partida
entre o passado
                    aglutinante
e o presente

estiolado, apenas
vivo.

Serão meus estes olhos
ou de algum recém-nascido? este pescoço movido
de maneira contundente, estas mãos coniventes
estas pernas
atrofiando caminhos,
serão meus, serão minhas?
– Nas maçãs do rosto brilham gotas de alívio
mas nunca chegam
a dobrar os joelhos.

Cada momento que passa
vibra em eternidade –
o timbre de um poente, uma fácil melodia,
o desprezo,
a urdidura do silêncio ecoando além do
vidro –
porém se não somos eternos
de que nos adianta
ouvi-los?
Nosso elemento é o mistério: veículo e armistício
do ser em si,
de ser em outro ser
aberto,
ou o ser simplesmente
deserto.

A sombra que ora habito é a mesma que deflagra
ao meu redor
reminiscências (prolongamento e lacuna
sob a veste de opala)
                                        Sombra
hesito tocá-la
resvalo em ressentido pudor
de entrega sem gozo.

A verdade é linguagem fantasiosa –
já nem deploro
as noites bordadas de arminho
fio por fio
zelo por zelo
em mimo e expiação – nem os dourados novelos
de contrita menina nem
o cruel desalinho das promessas carpidas
na farsa adolescente
– grito abafando outro grito
no mais absoluto
sigilo.
E o amor? Omiti-lo?
Não dura.
Jamais durou.
Será medo, aventura
ou singular comoção
ao resistir-lhe
no recolhimento
ou então fugindo-lhe, após tê-lo
devorado por dentro?

Eis-me afinal
                    posse e renúncia
consubstanciadas
numa só pose:
                    definitiva
                    cristalizada
pedra sobre pedra, sonho sobre sonho,
plenitude
auferida e mutilada,
incisão
à força de ferro, à força de fogo –

mas a juventude
é um abismo glorioso.

ROMANCEIRO DE DONA BEJA

(1979)

À mamãe
pelo seu amor ao Araxá
e
como recordação de nossa
estadia no Barreiro em
dezembro de 1966

Ao papai
pelos dez anos de mocidade
dedicados a essa região
do Sertão Grande

Ao Carlo

BILHETE DE DONA BEJA A GASTÃO DE HOLANDA

Neste vinte e quatro de Setembro
irei te brindar
na Fonte Arquetipal

Romanceiro de Dona Beja foi publicado pela primeira vez em 1979, por meio de uma coedição entre a Editora Fontana e o Instituto Nacional do Livro. Conta com capa-colagem e diagramação textual da própria autora, desenhos de José Pedrosa, foto de Maria Lúcia Alvim por Marco Paulo Alvim, prefácios de Alphonsus de Guimaraens Filho e Ivo Barbieri, e orelha com poema de Sylvio da Cunha somado a texto de Herberto Sales, sem qualquer alteração digna de nota. Tanto na primeira edição quanto em *Vivenda*, dez anos mais tarde, consta o período "1965-1975" como uma espécie de subtítulo do livro, remontando, provavelmente, ao intervalo de sua feitura. Nesta edição, contudo, optamos por registrar o ano de 1979, garantindo uma coerência interna, já que os outros anos remontam à data em que as obras primeiro ganharam corpo.

SERTÃO DA FARINHA PODRE

Eu sou donde eu nasci

Guimarães Rosa

ORIENTAÇÃO

Pelo rumo das estrelas
descobriremos a trilha

seja de amargo fastígio,
desvalimento, partilha.

À ambivalência dos ventos
indagaremos da sorte

de qual lado sopra a vida,
em que brisa brinca a morte.

BANDEIRA

– A quem vai seguindo? Que destino
toma?

– Lourenço Castanho Taques
abre caminho
para o Sertão Grande.

– Em que se resume
o Bandeirante?

– Querer defini-lo
é perigo certo:
sequer pisa o chão,
mas folhas e pedras.

Tentar atraí-lo
a formas de afeto,
inútil, porque
só pensa os espaços,

só ama o que vê.
Apenas nos resta
segui-lo de perto,
com traço disposto

cingir-lhe a figura,
em ágil escorço
o peso do corpo,
ao livre cinzel

tocar-lhe no rosto.
Às vezes parece,
na ação, um soldado
da estirpe mental,

convulsa, de Uccello –
em dúctil galope
de brancos cavalos
e crinas alertas.

No entanto, ao fixar
o olhar para dentro,
um tenso palor
de mórbido véu

nas sombras revela
esconde o delírio
de gozo e martírio
de santo ou cruzado.

Mas quando lhe cumpre
vestir o gibão
o timbre é seguro:
senhor de baraço

e cutelo, juiz
e financiador
de nossas quimeras.
– Dizei que brasão,

espada, coroa,
é mais contundente
que a cor carregada
de sua escopeta?

– que a fronte coberta
de garbo e suor?
– que o peito soberbo
de bom caçador?

(aberto sem medo
fechado na dor)

– que a soma das pernas
despertas, ligeiras?

O mais inspirado,
contudo, seria
retê-lo à deriva
do tempo e volver

intensa floresta
de caxinguelês
uiaras e pássaros
por onde ressoam

as vozes e os hinos,
em torno dos troncos,
de humana elegia –
eis que ao seu redor

espalha-se o mito
provindo dos galhos
ungidos da mata
quieta, ensimesmada,

enquanto absorvida
pelo amplo mistério
que ao descer do alto
logo se derrama

por cima dos lírios
dos céus e canteiros
em plena euforia.
Enfim, a supô-lo

vencido, exposto
às quatro estações –
crivado de espinho
na brusca lombada

de campo deserto –
já cristalizado,
antigo de estátua
eterno de culto –

na palma da mão,
nítida esmeralda
arfante, sem ter
em verde triunfo

a que pertencer.
Ei-lo a vaguear
por nossa memória
ansiosa de olvido,

em luto de outono
como anjo da guarda
parado e perdido,
buscando na terra

o enredo passado
jamais auferido
senão aos que,
                    mortos,
sempre ressuscitam

no móbil cenário
de nossa paixão:
– surda permanência
de oculto sertão.

LEMA

Pela íntima feição
do sonho comum:
lugar
onde a terra docilmente
se deixe penetrar.

DESCOBERTA

Era o ano de mil seiscentos
e sessenta e três. Chegada
dos pioneiros
à região prometida

– Não somos homens de luta.
Aqui estamos à procura
do ouro e das pedras coradas.
São outros nossos desígnios,
entroncamento, magia:
a intermitência dos símbolos,
a natural fantasia,
a ilusão que sempre leva
a algum porto, ou enseada.

– Auriverde plenitude,
ó diamantina indução.
Aqui chegamos. Depois
de muitas vezes perdidos
através de escuras brenhas,
entre-remota paisagem
subitamente aflorada
perseguida na voragem
do tempo, a se decompor.

– Não queremos usurpar
estes novos horizontes
antes oclusos, passivos,
hoje reais e potentes,
e tampouco macular
a linhagem destes montes
em seus ombros derramando
o sangue dos que são donos
perfilados no abandono
em absoluta reserva.

– Estamos aqui à espreita
da linguagem atilada,
do claro conhecimento,
da translúcida imanência
do movimento perfeito
no improviso da conquista –

quando traremos à tona,
dentre os escombros e ritos,
o cristal na sua essência
(a natureza secreta
em lapidar as origens)
sob a dura compleição,
frágil em frio fulgor –

para então arremessá-lo
à luz primitiva e única.

Abertura da primeira picada
pelo Anhanguera
partindo de Sabarabuçu
com escravaria de pretos e índios
até atingir os Guaiás

Teria sido levado
pelo dourado fascínio
de uma serra, cujo mito
era Mina dos Martírios?
Seria farsa, chamado,
relicário, ermo de gruta,
alma de grito, sufrágio?
Ao encontro de promessas
em aveludado escrínio
de negras jaculatórias
partiria o Feiticeiro?
Haveria um outro apelo
mais urgente a consumi-lo?
Entre cálculo e milagre
decidira o Engenheiro,
ao definir os atalhos
suspensos nas alamedas
dentre musgo e ladainhas
de arroxeado sigilo,
em lamentações e muros
de futuras trepadeiras.
Talvez houvesse rompido
imperceptível artéria
simplesmente para ouvi-la
circular sem direção,
jorrar o barro pesado
em vereda subjetiva
agora já convertida
em testemunho, lição,
curva brusca de esplanada

diretamente traçada
do coração para fora.

Fora o primeiro a ousar
imaginário compasso
de singular abertura –
a marcar toda distância
contraditória província
de sombrio território:
sertanejo estar em si
ressentido e marcial
incomunicável, a
oscilar:
universal aptidão
e continente mineiro.

Que provisória lonjura
e tão vasta geografia
tua mirada circunda
debruça-lhe da retina?
– Minúcia de iluminura
em mapa de sesmaria,
a costurar, a medir,
a desunir, inventar
com dedos de bruxaria
as rendadas mantiqueiras
do Geral Grande a girar
no friso das labaredas
em atormentado crivo,
enquanto a meta desliza,
– horizontal esperança.

Fundação do arraial do Tabuleiro
primeiro da região
início do garimpo no rio das Abelhas

– Guarda-mor Feliciano
e seu primo Estanislau:
bem-vindos ao Tabuleiro
vosso parente carnal

– destes vida, nome, jaça
e batismo de cristal
pelas mãos do garimpeiro
em berço de aluvial

Romance de Catuíra
   Iboapi e Maú –
massacre dos Araxás

I

Insulada
entre dois rios nasce a tribo, envolta
em líquidos paramentos
drapejada de soturnas cordilheiras.

Catuíra
            cariátide-açucena
modelada
entre sol e lua, nuvem e perfume –
ovelha
inviolável em flora de sacrifício
eternamente
                        imolada
em aliciante cilício.

II

O par amoroso
telúrico
exulta de ardor primitivo – fugaz
alforria dos corpos
em arcos flexíveis cruzados na brisa
a gala nudez, as vozes em riste –
flor
que se apruma
que alça e enfuna viril enduape
e cinge à cintura meneios de pétala de fulva arazóia
que salta no dia, à noite se dobra
sobre a penumbra
em casta harmonia.
Cumpre ao deuses
decantar
o amor adolescente, a púrpura vigília
o despertar caprichoso e matiz –
crismá-lo ao sumo de folhas e penas
o sono cegar-lhe com fachos de luz
aos pés estender-lhe mágico
tapiz
sacudir-lhe
a bruma do andar
fazê-lo pular na sarça flamante
sorver-lhe o arrebol à pálpebra
ilesa
consumá-lo
e
absolvê-lo
no altar de plumas.

III

A morte
do escuro espreita o palmar.
– Quem o brio lhe exaltou?
– Que alvo
lhe serve de mira? Que fome
a provou?
– Com o amor
aqui estou
para a posse simultânea
de Catuíra.
Voei pelas serras nadei em torrentes
corri pelas selvas
do mais frio azul
ao verde mais turvo. Plantei, não colhi. A força que
dei?
– cego buriti.
Que lei que Tupã me põe a perder? Ao léu
a carpir
inútil tributo? Trilha o ciúme de grão em grão
o escarlate império. Parte a vingança
o mel sem travo –
parasitas
sugam a carne cipós se relaxam
– sobre meu corpo
fecham
as asas
servis da ilusão.

IV

Cresce o delírio no gume das flechas.
Troam bacamartes. Silvam colubrinas. Clavinotes
e tacapes
regem a fúria assassina.
À frente, a traição
sob o comando de Maú – ao lado
Mestre de campo
Inácio Correa Pamplona,
troço de Dragões.

Uma inúbia clama em vão.

Fundação do arraial das Abelhas
futuro Desemboque
florescimento do garimpo

Desemboque –
diamante
tinindo
de ambição –
pedra de toque
do oeste
coração.

Pretensão dos Guaiás
às terras predestinadas

De ponta a ponta
Minas
declina
a escala
adamantina

Pi-ca-da
Num lance
Guaiás
se precipita –
a solfejá-la
monta guarita
Pe-pi-ta

Fim do quilombo
do Tengo-Tengo

Grimpa o quilombo
pela chapada –
cobre a Canastra
desce a Zagaia.

É cativeiro
em revoada –
é Tengo-Tengo
dos urucungos.

O rei Ambrósio
polarizava
de seu harém
entre savanas,

tantãs, marimbas,
deusas de javre
ocres, oblongas;
sob os turbantes

imperturbáveis.
– Serra Leoa
era tão longe!
– ao mesmo tempo

ali estava
na trajetória
dos orixás,
gatos selvagens

mulas e bás,
chitas, missangas
dengos e figas –
nas bailarinas

em atabales
redemoinhos –
cumplicidades
alvas das camas

dos travesseiros
de paina e fronha
com monograma
em ponto cheio.

Ó africanas
amenidades!
ó malabar
torre de ébano!

que por vinte anos
se equilibrara
– e de um só golpe
era tombada.

Onde o tesouro
desenterrado?
– em moçambiques
baús, borralhos.

ÍNICIO DA COLONIZAÇÃO DO SERTÃO GRANDE

Fábula

A terra traz o ventre trepidante
a fecundar, parir, a sepultar –
a fronte prepotente a ostentar
a grinalda de vermes cintilantes.
A terra é o animal pensante – diante
da própria sombra para a conspirar –
das feras tem o olfato e o paladar
e dos homens a espora penetrante.
– Sementes? São caixeiras-viajantes
de ilusão a ilusão, a germinar.
As raízes são falsas postulantes
e a seiva suculenta faz golfar
não só flores, falcões e diamantes
mas dilúvios, grilhões, rinocerontes.

Fotografia

O clima é de opulenta pantomima:
a terra sobe ao palco, a farfalhar –
pelos campos de prata banha a fronte
e no líquen das catas lavra o mar.
Brotam grilos, lavouras e colinas
em júbilo de orvalho e de aljofar –
bananeiras de cachos coruscantes
levitam sobre a louça azul do ar.
Em êxtase, o pelo a marchetar,
o gado pasta a névoa da manhã –
o sino de uma igreja a badalar
a faina das aldeias emoldura

– ó terra, ó pastora, ó deã,
que a nossa vinda, brinda e inaugura!

DIVISA

O Padre Pequenino
Félix José Soares

I

Eis o Padre Pequenino
de apelido e compleição

debruçado na varanda
de imponderável sertão,

a sondar-lhe o firmamento,
a subir-lhe o ribeirão

em dourados carneirinhos
e pedras em profusão.

Eis o Padre Pequenino,
eis o padre vendilhão –

pelo claro tirocínio
pelo breu do coração

eis que fora responsável
pela nossa divisão.

Como pôde arquitetar
tão absurda procissão?

pois a terra só limita
o seu vasto pavilhão

por duas linhas ligadas
em invisível porão:

a dos vivos e a dos mortos
– em cima, embaixo do chão.

– Eis o padre na gincana
no lombo da Inquisição

– eis o padre sacripanta
dentro de negro surrão

– eis o padre taturana
a pôr fogo no varjão

– eis o padre que prepara
envenenado alçapão

– em sua missa deserta
sem mistérios, comunhão

– sem opa, incenso, evangelho
sem o vinho e sem o pão

– sem as três Ave-Marias
ofertório, sacristão

– de custódia e coroinha
de turíbulo e de unção;

– missa de sacristia
de sacrilégio e pregão

– (os paramentos bordados
em ouro de podridão

– tabernáculos violados
cálices de maldição

– numa patena de prata
segredos de confissão

– penitentes soldadinhos
  a passar de mão em mão)

– sem salmos beneditinos
  e celeste cantochão

– e sem o manso Cordeiro
  que lhe trouxesse perdão.

– Eis o Padre Pequenino
  de franzina compleição:

– quando a serviço do mal
  é mais forte que um leão.

II

Ei-lo agora na ciranda
de seu torto sacrifício –
a pregar em gral de argila
a rodar o malefício
pelas fazendas, garimpos
entre os amantes felizes,
entre o povo, o meretrício

– com a língua desenvolta
e maliciosos ouvidos.

A praticar exorcismos
contra o Quinto, contra o fisco,
a montar no contrabando
como em cavalos de vidro,
a brandir finas antenas
sobre Ordenações do Reino
e questões de leis e penas

– com a mente cautelosa
e vontade diligente.

A precaver a nobreza
com brocardos e premissas
a persuadir governantes
a lhe renderem alvíssaras;
sem embargo, angariava
esquivanças e debiques –
e acumulava riquezas

– com a alma desabrida
e barbas de demo e andó.

III

A notícia circulou
pelas casas, descobertos:
– Pequenino fora preso!
– Como foi? Como ficou?
– Sentinelas o levaram
sob escolta, baionetas.
– Exilado para a Vila
Real de Nossa Senhora
do Pilar
do Ouro Preto.

IV

– Cristãos novos de Mariana,
controlai a vossa ira:
– que o tribunal dos humanos
é de quartzo quebradiço.

Lembrai-vos de Malagrida
condenado sem delito:

– que o remorso é metal grosso
mas de vaza corrosiva.

Qual o caminho mais curto
por vosso jugo descrito?
da masmorra ao cadafalso
ou de Cassunga a Bailungo?

Atentai, pobres infantes,
que o exílio só é perpétuo
não aqui, mas noutras plagas
de passe livre e direto.

Comparai vossas intrigas
vossos passos cotidianos
com o altivo patrimônio
de um mandatário de Deus –

o voto sem testemunho,
irrevogável, sagrado,
a parábola brunida
em grupiara de sal.

Cuidai que vossos poderes
não vão além desses muros –
mesmo assim eu vos conjuro:
cegai meus olhos e dentes

dilacerai minha carne
sovai meus ossos – porém
nem um fio de cabelo
dentre mil se perderá.

Se acaso quereis poupar
vossas almas do pecado,
é melhor soltar-me antes
que se consuma o degredo.

V

Assim como fora escrito
também fora executado –
como cai uma palavra

da conversa sobre o prato.
– A que servem os castigos?
– A que trunfos? A que tábuas?

– De que vale a liberdade
para o tigre jejuado?
– A querer acovardá-lo?

– A torná-lo exacerbado?
– Eis o padre que trazia
a vingança como pálio –

e assim como fora urdida
também fora executada.

VI

– De que lado balançava
a cabeça de motim?

– Para João Manoel de Melo
governador dos Guaiás,
que lhe dera triste crédito.

– e as Minas foram passadas.

– Em que sentido cruzava
os braços diante do peito?

– Em direção da Rainha
Dona Maria Primeira,
de seu juízo quebrado:

– e o alvará fora mandado.

Ó Julgado do Desterro
da Cobiça e da Vaidade –
capciosa capitania
de párias e de bastardos:
quantos direitos lesados!

– e para sempre livrara-se
da sanha dos leguleios
dos mineiros e meirinhos.

VII

– Que destino leva o padre
sob a prega da camisa?
– Desapareceu? Fugira?

– (o incorruptível estigma).

Dizem alguns que mudara
para São Romão, de medo
da vigilância do Bispo.

– (quem não temera o suplício).

Entre a verdade e a mentira
entre o baixo e médio Nilo
os corsários do perigo

– boiam os remos tranquilos

Das junções e divisões
do Triângulo Mineiro

Rola novelo
de norte a sul –
De Dom João IV
a Bobadela.

Puxa a meada
fio por fio –
Arrependidos
até a Guarda.

Ata, desata
o emaranhado –
que Dom João V
quer esticá-lo

entre Guaiás
e Mato Grosso
em prelazias
de contragosto.

(De uma laçada
firme e goiana,
foi-se o triângulo
mesopotâmia).

Joga novelo
a serpentina
no meridiano
de nova estrela:

Condes e Papas
Reis e Rainhas
a precederam
no deslindar

o cego nó
sem resolvê-lo.
– Traz estandarte?
Armas? Sinete?

– Apenas dedos
de ágeis volutas
finos enredos;
também o nome

de andeja flor –
corta novelo
a frágil fita:
ei-la que é

Anna Jacintha
de São José.

Dos rios indivisíveis

– Rio Grande
– Rio das Velhas
Quebra-Anzol
– Capivara
– Paranaíba
Tamanduapava

– Que são
rios
afinal? Além dos nomes
curtidos
em trampolim de sol? Da paisagem – voz
de nublados espelhos? Além
de simplesmente
rios,
do espiral
das longas searas, das quedas pujantes, das cerdosas
gameleiras? (Seriam, por acaso, memórias
a galope
mergulho à margem de revolutas vertentes?)
– E o vegetal burburinho
de ilhas e conchas? O lodo dos leitos
a lama, o jubileu
das águas?

Rios
manancial de náufragos – a infância
absorta
a viajá-los no curso das pedras
– punhaladas
ao longo
da eternidade.

FUNDAÇÃO DO ARRAIAL DE SÃO DOMINGOS DOS ARAXÁS

LOA

Salve planalto
de São Domingos –
abre teus verdes
largos e limpos
olhos perante
o cortinado
branco, natal:

trinca teus dentes
língua, umbigo –
move teus dedos
fartos e livres –
levanta a palma
intumescida:
forja teu sexo

definitivo.
Ergue teus verdes
altos e firmes
ombros perante
o matizado
rubro horizonte:
– anda e respira.

FAZENDEIROS

Chegada de Anna Jacintha
a São Domingos
aos cinco anos de idade
na companhia do avô

O avô e a menina. A mula. O pajem.
A praça que surge
Viso Oásis
Couro de boi ao sol estirado
Ladeiras. Esquinas. O avô e a menina.
A escassa bagagem
Sela Canastra
O tempo em brando trote renovado

– Viriam de onde? De alguma gravura
de contos de fada? Evadidos
pelo figo da figueira
cochilo de carochinha? Seriam
de Brêmen
músicos de inaudível serenata? Ciganos

vendendo a sorte? Ou
funâmbulos
redivivos de solário suspenso entre mangueiras – pomar
de escorpiões suicidas aladas pinguelas
solcris de samambaias?
(Voz que súbito
estrangulada,
novamente jorrasse em líquida cascata?)

– Viriam de longe? Aconchegados
no cerne da aventura
toldo enfunando as fantásticas sobrancelhas?
– O avô e a menina

avançam
através de claros descampados
no pique das tardes – prelúdio
de amarelinha
gangorras
canivete
palitinhos
tontos de sono
lúdico assovio
– pairam
em silencioso diálogo ao embalo da rede
no calor de sentimentais chinelas ritmo de pampolina
e se comunicam
sem pressa
como o imanente entendimento entre pássaros e flores.

Identidade

Nascida em Formiga
a dois de Janeiro
de mil oitocentos.

Gira Capricórnio
o fulcro ponteiro
e a hora percute

em Marte e Saturno.
Nas linhas da mão
o monte de Vênus

ao meio partido –
enquanto a razão
o sulco imprimira

preciso e profundo.
Filha natural –
em míticas fontes

lavada no sal.
A tez ariana
herdara do pai

louçã, lusitana.
Do lado materno
os negros cabelos

os olhos redondos
das aves noturnas
insontes vagando

nos brejos sem lua.
O nome tivera
igual senhorinha

de casta e família:
os enes dobrados
em Anna, e Jacintha

de altivo tê-agá.
No entanto o apelido
seria mais breve

embora melhor
o voo sublime
ligeiro, assombrado

de esquiva rolinha,
no bico levando
elíptico beijo

ditirambo, adágio –
e toca o realejo
e pousa nos lábios

sonoros de Beja.

Na fazenda do Sobrado

Avô que se preze
é fazendeiro
                    Guia
da infância fluindo entre faianças
à guisa de vento
na cavatina dos sopranos ligeiros.
Na caliça das tardes a magnólia
açula o tempo,
                         fazenda
é mesa que se amplia
tablado de transitórias prendas
    o copo de leite
    o adubo vermelho
extravasam sob a claraboia de lânguidos vampiros.

O OUVIDOR

Chegada a São Domingos
do Ouvidor Joaquim Inácio Silveira da Mota
Cavaleiro da Ordem de Cristo e Corregedor do Reino

Pela Serra do Espinhaço
de alvorescente neblina,
vem subindo o Ouvidor
em seu cavalo sebruno.

Doutor de Borla e Capelo
na pauta dos *cotillons*,
entre polcas e pavanas
entre Cascais e Queluz.

Quem o traz, quem o reduz
à incontinência dos signos?
A ser o seu próprio algoz
quando sempre fora livre?

Eram princesas de Irlanda
que seus braços conduziam,
era de João de Bragança
o companheiro cativo.

Ao pisar em terra estranha
a solidão o retraça:
na sombra que o acompanha
espiralando na escarpa.

Aplicai vossos sentidos
ó moças de São Domingos
que à solapa vem caindo
o orvalho da sedução.

As raparigas em flor

Vestidas de azul e branco
sob a luz das arandelas,
valsam os vultos violáceos
de sonâmbulas donzelas –

na cadência dos babados
os borzeguins de veludo
deslizam sob os brocados
em caprichosos anelos –

pelos jardins pousam luas
como pesadas olheiras,
pensamentos ondulantes
latejam nas cabeleiras –

ao encalço das sianinhas
o tempo já se evapora,
um vago aroma de chipre
das mangas fofas se evola –

no esmalte dos camafeus
aglomerados perfis –
o amor antecede a escolha,
trespassa o bilro das golas.

As musas

– Quem é aquela
do norte estrela
que o meu destino
irá guiar?

– É Heliodora
Bárbara bela
por entre as brenhas
que Amor me dá

– Quem é aquela
que a Lira austera
ao vate inspira
tanto louvor?

– Em vão, Marília,
teu nome passa
não fosse a graça
do teu pastor

– Quem é aquela
que a brisa afaga,
ó hamadríada
de fulva fronde?

– É Glaura nua
na relva branda,
aura que esconde
frescor de fábula

– Quem é aquela
em formosura
fria e segura
de seu poder?

– Perdoa, Eulina,
a ingrata Sorte
que a ti declina
meu padecer

– Quem é aquela
que a Natureza
qual tocha acesa
vem despertar?

– É Ifigênia
amada filha
que se debruça
à flor do ar

– Quem é aquela
cuja cantiga
oscila entre
o céu e o mar?

– É Ismália, a louca,
das longas tranças
em sua torre
a suspirar

– Quem é aquela
desconhecida,
Aldebarã,
em pleno dia?

– É Dona Beja
de sua fonte
que me convida
a mergulhar

O Ouvidor e a lira

mote

Que bem se perde
que mal se apura
se a rama é verde?

glosa

Negra genciana
em priscas fontes
pendida contra
espessa crosta
de negra lama,
quem dera possa
matar-me a sede,
que bem se perde?

Pejadas vinhas
de ocultos ninhos
ledos amores
dobrado pranto,
qual seja o intento
que porventura
nele me perca,
que mal se apura?

Logra-me a vista
ditosos prados,
a pastorela
que a alma exulta
flui aos ouvidos
na doce flauta,
que venha a tarde
se a rama é verde

O RAPTO

Coromandel
Frutal
Salitre

Paracatu
lua minguante rede fechada

amor proibido anda depressa

EM VILA NOVA DE PARACATU DO PRÍNCIPE

MONÓLOGO DE DONA BEJA

Fixa o olhar na penumbra
o cristal indivisível
à sua volta descreve
a curva clave de lince.
Recrudesce o cego espanto
ou a tácita porfia?
ou simplesmente modula
o calendário sem brilho?
Entre fábula e delírio
eis que desponta a enseada
entre meu corpo impassível
e a branca circunferência
imemorial, impalpável,
ronda da noite, calenda
pelo tempo conduzida.
Ao vislumbrá-la desperto
de penitentes abismos
em campo aberto e fecundo
na cadência policiada
do coração, pela cor
refluindo em mil acordes,
no calor reconciliante
das almofadas votivas,
paisagem amanhecida
como se fora sonhada
como se fora de fora
e não dentro possuída,
flora de negra magia
pancada de chuva forte
cheiro de terra molhada
tinhorões tantalizados.
Ir além? Como seria
essa futura morada
sem descendentes, sem guia,
crepusculares enlevos

sem as camisas listradas
de Laborão, o feitiço
dourado de seu bordão?
Como fechar nossos dedos
sobre o silêncio que gira
pela sala incompatível
com a lírica ternura
dos objetos elegidos
em surda conspiração,
fixos, substantivados:
concha, fetiche, pião,
– como detê-los em meio
à trajetória pensada
na marítima textura,
interromper o cigarro
os bizantinos tormentos
(o alfinete na gravata
os grampos da jardineira)
emissários cotidianos
de nossa pobre legenda
contra o ocre do tapete
– do anel bretão apagar
o amor em firme sinete?

Despicienda fantasia
exílio sem remissão
onde as bonecas de pano,
bolas de gude, escorpião
aos poucos se cristalizam
em desbotadas gravuras
sobre os armários altivos
na brisa das estações.
Sinos? Cimália? Suspiros?
Eis que os símbolos transmigram
na ambivalência dos dados
no bojo do Stradivarius,
como verter em seu curso

nossa parcela de culpa
secretamente carpida
no tabuleiro já gasto,
pois se também nos deixamos
ir ao encontro das águas
ora náufragos, marujos,
redivivos espadartes
submergindo sob o fluxo
oscilante das marés.

Agora, sim, burilamos
nossa própria tatuagem
sereias, rosa dos ventos,
hipocampos e serpentes
toda a tática da infância
tamborilando baixinho
todo o tesouro perdido
nessa tão curta viagem;
sobre a ponte meridiana
como última façanha
de quem não soube morrer,
meus barquinhos de papel
acenando no horizonte
nosso roteiro cigano:
vibra o olhar na memória
em ressonância de vidro
– justa medida, passagem
de margem a margem,
adeus.

LÚCIDA RENDIÇÃO

Sei que é amor, embora dura
seja a perfeição de sua face. Sei do
frio sândalo que exala a palma reluzente
do timbre de seu riso
da madura
solidão que o aperta entre os braços.

Sei que é amor. Nenhum disfarce
diante do claro labirinto –
a voz, o gesto escasso
a veladura cúmplice dos cílios
e o secreto crivo
                    a capitular
dúctil e vivo.
Sei que é amor, conheço o passo
do gnomo solerte
o sopro exausto
a lenta
curvatura do corpo, quando espreita a própria fome,
e a língua presa
pelas palavras pálidas e tristes.
Sei que é amor. Sei e consinto
em sua lícita usura
na severa parábola de múltiplos equívocos
– enquanto a fluida escolta
                                        desamor
deflagra minha sombra ao seu redor.

PECÚLIO

Paracatu
é presença demolindo fantasmas   arsenal
de eucaliptos e chapadas
remotíssimas tardes.
                    Em seu castelo de mármore a Moura Torta
remodelando a infância através de límpidos espelhos
o linho vermelho refletido
sobre os longos cabelos.
Paracatu é subterrânea corrente a romper arranha-céus
definindo ciladas
                    previsão de familiares arpejos
Paracatu.
             Aqui fechamos
o astrolábio sem trégua
a urna de prata
que tua hóspede se furta
a romper o itinerário de escaravelho
velho e rígido
e dilacerada se antecipa ao tirocínio das flautas
para perder-te
em domicílio de cardos.
Foste cenário seteira cálido refrão
enquanto
             na pausa das esquinas
borboletas imprimiam o voo agonizante
e a trêmula tecelagem das treliças
salpicava de sombra a roda dos vestidos.
Assim nos conhecemos,
                         ó herança de atávicos pendores
no improviso de serestas e diabolôs
contra o verde das sacadas
brancos precipícios
embora nada perdure na paina dos domingos
fora do plácido convívio
refratários que somos ao roçar das sempre-vivas

o leque de plumas abanando
as trevas.
– Como pude deixar-te sem aviso
sem prévia indução sem reticente
aceno
                    tu meu parceiro
das grandes caminhadas ao ar livre
timoneiro desviando ao sopro quente
de insaciável setentrião?
A esmo me pergunto
                                        Paracatu
pela simultânea alegria, quando o tempo aliciávamos
sem pânico
modelados ao pretérito acervo
no pátio de agapantos. Agora desfilamos
no fac-símile das estampas coloridas
a sonâmbula paródia debelando –
columbário
em usufruto de meus dias.

A CARTA

Aqueles que rejeitei pedem notícias de mim
de meu reino percluso
onde o passado permanece além dos muros
sacudindo o lenço de crepe.
Direi então de meu luto
carregado sob a túnica esvoaçante
o orgulho luzindo
dentre as profundas escamas
e
    incorporados à nitidez dos campanários
restauro
        o apaixonado vínculo.

RENASCIMENTO DO TRIÂNGULO MINEIRO

REI MORTO REI POSTO

Morte de Dona Maria Primeira
Rainha de Portugal, Brasil e Algarves
sobe ao trono Dom João VI

Morta, sim, estive em vida,
que a razão me foi dada
apenas em tê-la perdida.

No que amei não soube quando
era meu ser
que se dando
fora de mim se encontrava,
ou que, livremente,
viajando, se julgava.

Deus em sua fantasia
quis provar-me:
– em minha carne gerou-se
aquele que seria vosso Rei.

RESGATE

Por intercessão de Dona Beja
chega a São Domingos o Alvará Régio
reconstituindo o Triângulo Mineiro

I

A terra não se reparte.
Se abrange. Subjetiva-se.
A terra é como a Arte:
na liberdade é que se cultiva.

II

Do barro faremos refluir os primitivos lagos –
prados e planícies
pedras e pássaros
apaziguados se entrelaçam na maturidade das sombras.

III

Agora e sempre
o corpo se verga junto às raízes
estreitando, contra o peito, a amargura dos seixos –
lembra
sangra
e esquece.

IV

Sob a planta dos meus pés o sol definha
para que eu possa, caminhando,
renascer.

A VOLTA

A mesma contenção na compostura.
Incólume no viço angelical.
Porém, nas fundas órbitas, o mal
fulgia dentre as sombras. Ó criatura

isenta em sua culpa, ó imatura
vontade a consumir-se na fatal
vertigem – nenhum ser, nenhum sinal
poderia torná-la menos pura.

Voltar sempre redime. O toucador
sugere o antigo gesto matinal.
O tempo só aos mortos contamina.

Eis o espelho, a alcatifa, a mesma cor
dos olhos, a cortina de voil:
então sentiu a ausência da menina.

CAMINHO DAS ÁGUAS

ENTRE DUAS FONTES

A fonte é sua
beba comigo –
brota de dentro
tudo que eu digo.

– Cantar aprimora
o amor, amigo.

A fonte é flama
nervo que espuma –
sopra a palavra
feita na bruma.

– Baila, memória,
em nossa boca.

A fonte lava
e mortifica –
livra da culpa
seca na bica.

– Capricho, melífluo
gosto que fica.

A fonte solve
o junco, a lama –
solicitude
que se derrama.

– Linfa ou nenúfar?
Ouça quem chama.

A fonte é crua
coreografia –

nela o Tibungo
se ressarcia.

– Bulício de pedra,
melancolia.

A fonte afaga
flui sobre a pele –
e desafoga
enquanto adere.

– Se a vida é parca,
não desespere.

A fonte é súmula
batida ao vento –
vara a aparência
do pensamento.

– Dúvida que embala,
suplício lento.

A fonte rola
e se bifurca –
só na ilusão
demora única.

– Neste surrão
eu entrei
Neste surrão
morrerei

Estância

À pontualidade das águas nos rendemos
sob a púrpura pátina do tempo.
Pelas serras pelos plainos barlaventos
no pélago das moitas
                    a tarde
aplicada à mansidão dos cordeiros, se propala
sobre a terra fofa de assa-peixe.
Descamba o tamboril a cada sorvo
da mula-sem-cabeça,
                    graviolas e pitangas
remanescem no atropelo da infância – no arrolo
das enxurradas pernoitamos
                         salpicados
de capitosos fumos.
Era outono? Se nos pântanos o crótalo farpeia
os palpos da aranha? E o *lied* ecoa
no caramanchão, ao léu? Lagartos
emigram para o topo
ao cair das folhas. Desfeita
a verde envergadura, a elegância sobressalente e astuta,
que entre as canas-do-reino o capim se ajusta
mole e minudente
à disponibilidade dos corpos.
    Branco, o balneário retumba
nas brancas espumas –
                         leviatãs
    flutuam nas cabines marmóreas
    Há no banho todo um empenho
empírico.
   – Ali se fez a lama
     negra e inconsútil
                         de veludosas algas a flor rotunda
   – Ali o cinamomo
     teve seu clímax
                         (no poço de piçarra bolem as piabas)

— Ali o colhereiro,
  guapo, sobrevoa:
                    Barreiro
          ressaibo de âmbar e diásporo.
    Uma cantiga de arromba
escorre das barbas do pau de binga
Parcimoniosos pirilampos tentam dissuadir o ritornelo das formigas
A grama se agacha em crespas lufadas
ao jograr do junco
                    O brejo
                              é um balcão sobre o lago
— Vinde ver a algazarra,
                    ó vós de Jerez e Vichy
das perdizes e das pacas   Vinde
no pio das garças   na teima dos caititus
bordejando as Alpercatas   ó ciclistas
                              de Balbec
pedalando os magros pinheiros   a palha dos pulmões
provai da brejaúba a cica mordente
    trocai
          os talos mortificados das praias
pelo rataplã das cotias e das antas.
          Monte Alto
          Pico da Mesa
a porcelana do capuz se parte
  estilhaçando o nevoeiro.
    O parque
    sai das sombras
apinhado como um grande pressentimento —
    o ar
estende a távola felpuda, estala nas brenhas de bistre, recende
a malva e o tomilho —
pintassilgos entorpecidos pisoteiam a leiva rasa,
nos córregos, lambaris afogam as mágoas
baldado o fragor
dos gravatás e dos grilos.
  Não pesam à ingazeira as gaiolas envidraçadas

em cuja carga o olhar redobra as penas
e prende o olfato ao frêmito da alfombra, e adoça o bico das aves,
e dissipa nos mulungus a brasa pressurosa.
    Perambulando

            bancos de pedra
se oferecem entre os arbustos,
fantasmas enfermos depositam os chapéus engrinaldados
e atravessam o biombo das águas.
            – Onde a tarimba de outubro
com seus dentes de pórfiro, as unhas nacaradas, os untuosos bagos?
            – Por que tarda? Nos confins de que morgado?
                    – Foge
ou
  apenas descompassa
diante de tal claridade?   – Se me lembro: o céu
                    era uma ameaça
                        que invariavelmente
                    se desnuda.
Nas malhas do sapê
como um velho monge Tibetano
o rancho
arrasta as vestes do estio – à soleira
carrapichos atiçam a farândola das dormideiras
            beiço de boi
            ora-pro-nóbis
– a menina
vela seus vastos domínios
            sacode as tranças abafadas
            molha no inhame as faces moídas
                Ah
                    que seria da saudade
                se não fosse a paisagem?
Hotel Rádio
            tépida lava infusa –
Hotel Colombo
            monolítico

bloco de sal-gema
alpendre
                    donde estive desde sempre
a pervagar nos redis do minuano.
      Carranca bafejando as falésias do sonho.
                                  Amurada
que arde e inflama. Teu cenho umbroso
tão cedo me vi pulverizando
com os óleos batismais de minha fronte
alheia à mirra de Golconda
aos incensos de Ofir e de Cipango,
                                  ó colombo
persistência de metal
                           oval de nome
embutido no crisol
                                  – na revoada –
fachada
que as viagens corroía e congelava
nas veigas do espírito.
            Não fiz jus
para tocar-te
                    (bola de cristal inibidora) – mas agora
a criança que de teu colo balbucia
partiu-se nos espelhos doidivanas
           e quase nunca
           mais te chama.
        A capelinha
à direita de quem desce para os banhos
o piano
os gritos da paralítica
                                       daqui deponho
na jarra ladeando o guarda-louça
a gula pueril
                           o rudimento
próximo e distante
e dentre as plantas me aflijo a cada espinho
que dos meus dedos, por acaso,
ruiu.

– Suave arrepio: madressilvas pelos campos
adjacentes –
ondas de bário e actínio
bandarilhas
– janelas semicerradas sob a napa do crepúsculo –
liberada, enfim, a energia.
Nas quadras de tênis
um obelisco: pescoços delgados escapulindo das golas altas
absinto
à altura dos ombros
cogumelos e cercados.
Zarpa em ziguezague o dominó
dos olhos furta-cor do trem de ferro
a víspora
o bilboquê
lance de dados
armila
quadriculando o espaço.
Sorvendo em pequenos goles as constelações de esparta
(aqui estamos de passagem)
Fisicamente dotados das coisas do lugar
(se aqui nascemos)
Desfechando sobre a mesa a fatuidade das paciências
no declive dos mastros
amotinados.
– De onde sopra esta barroca
boca de argila?
– Do chafariz de Marília
– E esta voz
redonda e branca?
– Das Portas de Moura
– Aquele jato arquetipal
vem de onde?
– De Saint-Paul-de-Vence
– Caudal
que perto se ouve e cala à distância
antagonismo de almas e fontes

– Radioativa
– Sulfurosa
– Descansa, ó rosa,
a forma fluida, álgida e ativa
sobre o carvão da lama
voluptuosa.

Aquavia

Como a fonte que jorra, ambivalente,
marejados de sono, navegamos –
que esse rio de amor e de abandono
seja leito comum para quem morre.

Impelidos à margem da corrente
sacudimos a tarja temporária –
e a alma se evapora: tarlatana
sobre a nossa nudez contraditória.

Na umidade do riso, no desejo
impreciso e profuso, pelo pranto
que no calor das órbitas poreja.

Ah, transidos de frio, patinamos
entre quiosques, domos e coretos
sem nada surpreender ou consumar.

LUGAR ONDE PRIMEIRO SE VÊ O SOL

SOLAR DO LARGO DA MATRIZ

Sacada

Bate o sol. Dardeja
À lapela, a amapola
  Entre duas pombas.

Escadaria

Vem, ó mensageiro!
A tarde arfa e reboa
  Sob teu passo alígero!

Sala de visita

De braços abertos
O tempo fica parado
  Forrado de branco.

Sala de jantar

A mesa mastiga
Léguas de fome. Ponteia
  A toalha, a mosca.

Sala de música

Do instante me imbuo:
Na serenata de Schubert,
  Do cheiro da manga.

Salão

Fechado em si mesmo.
Opacidade dos olhos
  No espelho do assoalho.

Biblioteca

Que importam os livros?
A curiosidade espia
  Os bichos, ao vivo.

Quarto de costura

Pelos quatro ventos
Dedais mitigam os sonhos
  Ao luar dos cromos.

Corredores

As frias alcovas
Espreitam, de porta em porta:
  São almas penadas.

Quarto de hóspede

Há sempre uma espera
Cambiando dos castiçais
  Ao palor da pia.

Banheiro

Chorar escondido –
Balaio de roupa suja
  Finge que não vê.

Despensa

Que servem as sílfides
Sobre a prata da bandeja?
  Broas de fubá.

Cozinha

A lenha crepita
E espanta o sono. Menina,
  Lá vem lobisomem!

Terraço

Silêncio de pedra.
Nenhum pensamento passa
  Além do mormaço.

Cozinha de cima

O pé de magnólia
Se debruça no telhado
  Quentando a ilusão.

Pátio

Com olhos pisados
As lajes vão pela noite
  Em rasos remígios.

MADRIGAL PARA CORTESÃ

Gira
        Calandra
Claro
Zefir
        Esvoaçando
Mon
      Seul
              Désir

CHÁCARA DO JATOBÁ

Casa

Na lucidez de uma taça
O veneno escorre, lento –
O mesmo riso que embaça
Se eterniza num momento.

Paraíso

Teu perfil crepuscular
Lembra um gato siamês
Que se deixasse afogar
Contra os muros da avidez.

Capela

O pecado é cor de ouro,
Pois, senão, quem pecaria?
Convém cerrar-lhe o sobrolho
No altar da melancolia.

Varanda

Ó beijos rubros e brancos
Urdindo a flor que incendeia!
Frouxos arrufos de flancos
Na perversão de uma teia!

Jardim

Regarei o coração
Com jacintos e rutilos –
Nos canteiros da paixão
Deito meu corpo sem brilho.

Quintal

Avental, que vaporoso
Sustém o milho vital –
Ciscando o intuito moroso
Um ganso amorfo e fatal.

Horta

Mordendo as finas nervuras
Deste verde alvorecer –
Entre o vício das verduras,
Roga a praga do prazer.

Pomar

Paciência para o fruto
Que o azul empana: compara
Cada gomo de Absoluto
Destilando a boca rara.

Porão

Cemitério de brinquedos
Que a imaginação acende –
Rasgando cegos morcegos
Com alma leve, transcende.

Tanque

Sobre o linho, a vagem crua
Espuma – pousa o pardal
A razão de ser tão nua
Na vertigem de um varal.

Açude

Neste retiro jacente
São os bambus adivinhos –
Esconde, echarpe, a serpente
Que me fechara os caminhos.

Ceva

Cochila a porca na crassa
Servidão do cocho. Ó ilha,
Pelo ar cevado, disfarça
A cornalina mantilha!

Alameda

Uma porteira batia
Onde e quando, não sei bem –
Sei que a pancada doía
Mas, por que, não sei também.

RONDÓ DA DESILUSÃO

Viver é um torvelinho sem motivo,
Palavras vazias, amor sem crivo –
A vida, como a flor, não se resume
Na evidência da cor ou no perfume
Mas num tempo de sonho fugitivo.

Ao rumor da ilusão, ronda cativo
O turvo coração, e tece o crivo
Na fímbria das palavras, dor sem lume –
Viver é um torvelinho sem motivo.

Palavras vazias, amor sem crivo,
À sombra denegrida sobrevivo –
Uma ave, afinal, não se presume
No alado regozijo, de seu cume,
Mas quando o voo pousa, persuasivo –
Viver é um torvelinho sem motivo.

CANÇÃO DO BARREIRO

– Onde fica minha terra,
    Bem-te-vi?

– Na lira que em ti suspira,
    Juriti.

PROGENITURA

CONCEPÇÃO

À força de sofrer, engravidamos
com certa indolência compassiva;
no torpor de esquivanças e vigílias
cogumelos prorrompem à deriva
a capciosa jiga. Vesperal
que o tempo dilatamos no delito
do nebuloso engaste, tíbio arcano
em placenta de vidro, volumoso.
Sob o limo das pedras, parasitas
os venenosos dedos compilando
promessas e preâmbulos de vida;
e pelo desalinho dos estímulos
na côncava piscina latejando
o ser se concretiza e se adivinha.

GESTAÇÃO

O corpo é o artesão que mistifica
o próprio sentimento de gerar –
ao tecer o embrião fibra por fibra
recrudesce na morte a carne viva.
Subterfúgios da forma, oclusa flora
em ti nos deciframos, náusea e argila –
e vamos cultivando nas entranhas
a crua oscilação da fantasia.
No tempo é que se encontra o exato prisma:
ó síntese secreta, sub-reptícia
crisálida a romper em voo cego.
O corpo já não pesa sob o jugo
de sua inexorável aventura
mas fura o liso chão, fluxo de aurora.

MATERNIDADE

É duro conhecer o paraíso
e dele ser expulsa. Quantos gritos
de dor foram perdidos. Tanto risco
nos partos laboriosos, dificílimos.
Entre pássaro e nuvem, repartíamos
o canto sem desejos, absorvidas
na volúpia que nasce do confronto
do corpo com seu fruto imprevisível.
Mas como acalentar os nossos filhos
neste exílio do amor? Nessa precária
sombra de árvore maldita? No seio
de imprecisa flor? Resta-nos calcar
o pranto sem ressalva, a doce fraude
enquanto a alma foge pela boca.

METAFÍSICA SERTANEJA

DO MAL PELO MAL

O molejo da alma se forja na bruma.
Entre duas estrelas finco meus pés.
Direi ao mata-burro: mata, ó ceifeiro, tenho a primazia
dos párias,
ao chão pedirei: quero ser um dos teus.
– Foi de dura que bati com os olhos.

AUTODETERMINAÇÃO

Súbito, dei falta do amor
como de um dente de leite.
Forrei meus guardados com arte: uma camada de pranto,
alguns palmos vazios,
sete pencas de insídia. Se ainda me levanto
totalmente ensandecida, digo:
um curiango laçou a noite de branco.
Sei flexionar palavras,
pôr minha sombra dulcíssima –
de carne e osso são os outros,
eu, guardo demônios.

MÍSTICA FANTASIA

Não me apronto para os grandes dias.
Nenhum anjo é meu artífice.
Dou bastante roda à minha saia
para que varra todos os símbolos: o amor apanho no ar,
sem coroa de espinhos.
No ermo do corpo o silêncio crepita.
A verdade vou paginando na lombada dos barrancos.
– Sirvo-me de Deus sem escrúpulos: como de um rio.

FLORILÉGIO

Na ponta dos dedos saí pelo mundo
dotada de assombros.
À primeira vertigem, caíram meus poros,
aos poucos fui me encharcando:
a vida é uma estiada entre túmulos.

DIAMANTINA DO BAGAGEM

BALADA DA ESTRELA DO SUL

Subirei pela noite acima
Com os teus olhos diamantinos,
A manhã é uma redoma
Entre meus dedos peregrinos
A lapidar os dons divinos
Que a pedra reluz, silenciosa,
– Se nos teus lábios repentinos
A beleza é perigosa.

Deixarei arder a vindima
Entre teus passos cristalinos,
Que a sanha dos ventos assoma
E irisa os canteiros mofinos
A improvisar nossos destinos
Sob a complacência da rosa,
– Em pétalas de desatinos
A beleza é perigosa.

Descerei na lavra que prima
Pelos seus raios purpurinos
Entre harpas e ovelhas, no aroma
Que emana dos glaucos e finos
Perfis dos bosques e felinos
A ondular sobre a areia ociosa,
– Nos horizontes submarinos
A beleza é perigosa.

Oferta

Pelos teus olhos peregrinos
Pela solidão luminosa
Pela placidez dos destinos,
– Que a beleza é perigosa.

SEXTINA DO EXÍLIO

Sou o sino tocado
Pelo dia inspirado
Numa nuvem sutil –
Como o bronze da brisa
Entre timbre e perfil
De uma ausência imprecisa.

Nuvem – forma imprecisa
Sino – sonho tocado
– Esmaece o perfil
Como o amor inspirado.
Brinca o dia na brisa
Indolente e sutil.

Fora, o espaço sutil.
Dentro, a dor imprecisa.
No mormaço da brisa
Ouço o corpo tocado
Pelo tempo inspirado
Contra o timbre e perfil.

Timbre, tempo e perfil –
Toda a trama sutil
Neste sopro inspirado,
– Sob a luz imprecisa
O horizonte tocado
Pelo bronze da brisa.

Horizonte que a brisa
Denuncia o perfil
No silêncio tocado,
Tal a hora sutil
Em que a voz imprecisa
Abre o corpo inspirado.

Sou o sino inspirado
No delírio da brisa –
Quanta sombra imprecisa
Evolui do perfil,
– E o recato sutil
Para sempre tocado.

DIAMANTE RUBRO

Letárgica
Diamantina levanta o véu de lousa –
Não se deixe amar
Que o tempo voa.

Refrange
A rubra córnea da colina –
A loucura é ampla como o céu.

AGONIA E MORTE

SUAVE E DECLÍNIO

Nosso corpo ainda nos pertence
dele provém o movimento
que ativa o pensamento e o elege
nosso único espelho.
Ainda o habitamos o submetemos
ao minucioso adeus –
                                                  morrer
é proeza cotidiana,
silêncio que se imobiliza
   espontâneo.

O TEMPO REFERTO

Dilacerados
debruçamos sobre a ausência das glicínias
                                        Primos e primas
prevalecem boiando na retina
dos olhos apagados dos retratos. Onde
o escapulário de cantáridas suspenso
às gargantas hirtas
na varanda aberta para o riso
ensolarado?
Estaremos já mortos ou voltados
para o que sobra da sombra que à míngua
ainda se contorce e que se alonga
contra o breu da noite?
Cautos repartimos
                                        o último travo –
há seres respirando
na folha amassada entre os dedos –
enquanto o buriti estende a cauda
o tempo nos enlaça adelgaçando
                                        o passo de larva.

ORAÇÃO A NOSSA SENHORA MÃE DOS HOMENS

Maria –
tua glória conjuramos
sob o manto acetinado,
enquanto Maio vestia
a inocência de seu talhe,
nos ramos que te ofertávamos
de flores de laranjeira
entre róseos pensamentos
e sonhos imaculados,
sob a coroa de estrelas
que em tua fronte azulada,
piedosamente depúnhamos
entre cânticos e salvas.
No entanto, sequer fitavas
os nossos brancos vestidos,
impregnada da alegria
desses dias coroados,
e sobre o andor deslizavas
numa redoma de vidro –
Ó Mater Intemerata!
Ó Coração Invisível!
– O tempo foi se chegando
no lusco-fusco, e a vida
foi crescendo pelos cantos
da casa. Já não cabíamos
nas camarinhas de louça
onde as bonecas dormiam.
Pelo ar nos dispersamos
em atos e sentimentos
alheios a tua sombra.
Pecamos. E te esquecíamos.
E fomos partindo o corpo
em pedaços doloridos,
e ferindo a sangue frio
todo amor que perseguíamos,
e a alma vamos trocando

com a destreza da flama –
assim gastos, diluídos,
ao espelho mais antigo,
ao próprio tato da cama,
somos irreconhecíveis.
– Se morremos? Adiamos.
Entre o orvalho e a procela
seguimos a longa vinha.
Auscultamos. Ah lacuna
que a morte traça na liça
nos intervalos do tempo!
Como a planta que se quebra
como a ave que se aninha,
no medo nos dissolvemos
capturados sob o périplo
de tardia primavera,
com as polainas polidas
em rancor desmesurado,
contra as paredes caiadas
em amarelos de súplica.
– Ascalanta, Perciliana,
onde estão? Nomes em chaga
na plataforma de neve –
negra Rosa de Cassange,
doce Tecla de Cabinda,
tilintam ferros candentes,
borrifos de morno vinho
umedecem nossos lábios
ainda recalcitrantes.
– Amor, porém, não é tudo. –
Ao poente, nos detemos
meio à ponte, no deleite
da carne dilacerada –
na exuberância dos lírios
à margem contígua, vimos
fortalecer as libélulas –
címbalos em cujas línguas
os arroios desfalecem,
e a aragem se desvencilha

do peito surdo do amante.
– Eis a noiva sempiterna –
rasgos de rosa imprecisa
inundando sobre os rios,
desvelando sobre os montes,
ei-la que em si se desdobra
embebida pela noite,
apta, solicitante – olha
como a seiva acata o fruto
na sua dessemelhança:
fenda que, túrgida, avança
entre leite e mel, clamante
tal a penugem da lontra
durante o primeiro ímpeto.
Logra amar sem descontínuo.
– A perda alveja nos ombros,
A nuca delineada,
os pontos fracos, orgânicos,
grassa, febrila, impele,
pelas gavetas cerradas,
pelos cabelos aduncos,
sob os pés emaranhados.
Brilha a lua pegureira
rente ao chão, e já fareja
na poeira, alguma lágrima –
e difunde nossa falta
sobre a relva, e amealha
a esperança em cada folha.
Embora não haja pressa,
ó alma – eis o teu cálice
emborcado como o sol
à borda calma do dia –
que o marfim de tua cauda,
a ferrugem de teus olhos,
nos sirva, aqui, de memória,
além da bronzea muralha...
– Agora, ouçamos de perto
a chuva renovadora,
– quem o trenó reconduz

à luz de eterno martírio?
– Certo Felipe dos Santos
no cavalo mais bravio –
o terno solo de um tordo
percutia sob o fogo,
que o ideal era de chumbo
atrelado sobre o lombo.
– Faísca a forca na tarde
de esmeraldas e campânulas
para o Druida das Serras
com fervor enfeitiçar
a orbe de anjos rebeldes
que seu corpo irão levar.
Farpas, estacas e templos,
altos e torpes intentos
a toldar os horizontes –
no adágio das consciências
corre um sopro coagulado,
e no alarido dos campos
fabulam os dromedários.
– Avante. Que vã perícia
vai do que se vê
ao que não se vê
no ar inefável. Sobramos
tocados pelas primeiras
procelárias, nos tufos
calcinados entre as sebes
entremeadas de frutos.
Seja, na polpa das rochas,
o epitáfio consumado
pelos liames das folhagens,
entre rajadas de foice,
tremulando como a lâmpada
imersa na escuridão.
Ó embuçada floresta,
quem seria o guardião
à tensa aldrava jungido?
Gravetos incandescentes
por onde a ira se alastra,

umbral de afetos falidos
contundindo a mesma casca,
numa balsa só de ovelhas
transporemos a agonia
sob a cancela suspensa –
(pelas costas, nas aleias,
vicejam as albergálias
com suas garras vermelhas).
– Envelhecemos. Vazias
as vozes depois do sono.
Ai de nós, imoderados!...
– no turbilhão das arcadas
o desejo que se anula
irrompe o elo de prata,
– ainda somos crianças –
apenas nos esboçamos
e já se encrespa na encosta
a tíbia haste!... Retoma
esta exígua claridade
sem o pejo das pupilas,
sem a carícia das coxas,
e aspira o suor das pedras,
contempla a pluma das feras,
e as árvores representa
em descantes vagarosos
para que o verde prolongue
até o âmago. Assim
deixa que a colcha se esgarce
sobre a pele prelibada,
que se dilatem os poros
em bandos inconsoláveis,
que os tecidos se condensem
sob a luva fumegante –
pois a brida já se espraia
no silêncio das entranhas
e esponja do peritônio
a náusea inconcebível.
Cirurgiões alçam voo
nas quinas dos corredores,

vertiginosas falanges
exalam dos chamalotes
o soro acre. Embalde
nos debulhamos em nardos
arqueando a cabeceira
resfolegante. Que música
emudece por encanto?
Ah cordas divinas!… Ermos
loquazes!… Formas informes
de eternidade!… Ruínas da cor
refocilando!… Jogamos
nossos limites de seda
contra os dedos embaçados,
uivando nos promontórios,
encasulados. Portanto,
que vem a ser um tormento
senão a erva daninha?
que a ânsia publica, e preme
os ossos em arvoredo?
– É hora de dar às lebres
a tosada cabeleira,
de regar os tornozelos,
podar os caules inflados,
nas cavidades profundas
enrodilhar a serpente,
fomentar os diamantes
nas feições inalteradas.
– Life is for Delight and Bliss –[1]
– é Ariadne com seu fio
inverossímil – e a borla
do entendimento pendida
em patentes labirintos –
malgrada seja o abandono
que lhe coube como ilha,
– como sólio e consubstância –
não se lhe aparta a centelha
e eternamente relança

....

1. [N. E.] O verso é retirado e adaptado do poema "Kissing and horrid strife", de D. H. Lawrence, e pode ser traduzido como "A vida é para Deleite e Êxtase".

ao destino, o etéreo fio.
Ó provisões! Ó prodígios!
Que símbolos serão esses
laivados em tais abismos?
Sobre o azulejo, a lisonja
o cacto comprime, e o sexo
de relance, se apodera
na sua cega pujança.
Não se cria impunemente
tão cruel estratagema,
nem se burla pelo sangue
o que o tímpano estremece,
que a realidade revida
na violência das quaresmas
e as finas brechas recose
com soberana magia.
– Revezaremos, então,
destas clareiras esparsas
aquela fé primitiva,
imbuídos do mistério
que procede e predomina –
os flagrantes nevoeiros
cotejando imensos corvos,
cadeias de mil assombros
a cada lapso de adeus –
pois o fim é inelutável
e toda pompa inebria.
– Lá se vão os mensageiros
dessa nova Taprobana,
aqueles que foram donos
preclaros, broncos ou lhanos,
terão as faces batidas
na palma dos altiplanos,
que não se acanha a fortuna
que porventura tenhamos,
aplacando a fantasia,
favorecer maior dano.
– A nado em ondas arfando,
quando, em céus, não repousasse,

ia Inês, de olhos enxutos,
que a rigor, não lhe cuidava
estar assim abrasada,
posto que o nome em sossego
colhia n'alma fechada,
e o porte em flocos mantinha
depois de morta: rainha.
Se o vento varre a lembrança
dos que Beja em vão cercaram,
– cidade, mito, sertana –
das minas que a sublimaram,
não se apaga a transtagana
origem de sua máscara,
impressa nas firmes armas
do espírito, não do aço:
de Afonso, a ditosa nave,
de Nuno e Joane, a humildade.
– Que por um triz transviamos
de nossa fortuita rota,
e os braços temos famintos
de enfim poder alterná-los
em torno do pátrio colo:
seja para conhecê-lo
em suas rugas e lascas,
seja para converter-nos
ao trâmite derradeiro.
– Entre o gado simbolista
triscando no pasto, a prece
dos oito anos fenece:
– incongruente, maldita.
Não vimos guerras, de fato.
Tampouco são cataclismas
o que a montanha esplandece
em seu apanágio verde,
que o oceano vomita
na pérola concludente,
nem a terra se estraçalha
pelas chispas da colmeia
de um inferno ao rés da areia;

são pequenos purgatórios,
– bem possível paraíso –
as cantilenas pousadas
na clícia flébil dos livros:
– Vai-se a primeira pomba...
– Vai-se outra mais... Mais outra...
– do fundo dos oratórios
a mesma rima retorna
folheando a prateleira –
(se eu morresse amanhã...)
e as palavras se entreolham
dentre os círios, arroubadas,
como uma chusma de insetos
relampejando na insônia.
– Ó última flor do Lácio!
– Ó lírio dos lírios níveos
que a brisa beija e balança!
– ó tijolo glacial
e agreste, que bruscamente
a nossa febre suscita:
sobe as grimpas desoladas
deste sanguíneo sudário,
fala – grita. E arrefece.
– Pois que Narciso se encontra
de sua fonte perdido,
em esplendores distantes
contemplado e contemplante –
que a formosura a si vê
quando apenas refletida,
– possuída, impossuindo –
e a perfeição só decanta
o que dela emana, e assanha
a superfície das águas
tornando-as tontas e turvas.
– Os flavos e apreensíveis
cachos adolescentes,
os membros pensos e pandos,
o torso nu, abaulado
de tanto haver-se inclinado

sobre a própria imagem – pensa
que a adorar-se, prefira
a verdade de seu rosto
finalmente apreendida
sem a mentira do sonho.
Um novo Narciso surge
mais pausado em sua fome,
mais liberto de seu gume,
mais cabal em sua sede,
que já alteia o pescoço
para o mar que vem de cima,
que se vira para o outro
sem cobrar-lhe a semelhança,
posto que mais lhe assegura
andar revisto por dentro,
que pelo, visto de fora,
era mais belo que a aurora.
Em seu tosco firmamento
se apascenta sem rebanho,
se cobre sem desperdício,
– tanta luz para testá-lo!
– tanto espaço a conceder-se!
– tantos cândidos auspícios
a natureza desata,
que sendo filho do rio
de seu húmus se acapara,
e das flores se enamora
com tal nervo e tal juízo,
que justa metamorfose
ao lhe roçar os sentidos
– sente o imediato deslize.

TESTAMENTO INVENTÁRIO

Declaro
ter vivido sempre em estado de solteira   nesse estado
tive duas filhas
                Indigna Irmã de Nossa Senhora do Carmo
                em cujo hábito será meu corpo envolto
assim mais de São Francisco
                        e Nossa Senhora Mãe dos Homens
meu funeral decente mas sem pompa
ditas as seguintes Missas
                  – cincoenta pelas almas do purgatório
                  em compensação de alguma promessa
                  que deva
                  e tenha-me passado pela lembrança
                  – vinte por alma daquelas pessoas
                  com quem tenha tido negócios e
                  contra minha vontade possa ter
                  prejudicado
dei à minha filha Joana uma escrava de nome Luiza Cabra
aos meus testamenteiros o prêmio de cem mil-réis –

rosário de ouro   rodas de fiar   par de brincos de cabacinha
corais galvanizados
memória de ouro e brilhantes   relógio de parede
                  cento e sessenta e seis oitavas de prata velha
paliteiro de prata   cadeiras de palhinha
espelho de toucador   ferramenta ordinária para sapateiro
catre   marquesa
        baú de folha com a competente grade para assento da mesma
chapéu de sol de seda sarjada
garrafa com presunção de cristal   terrina de beira azul
        cilhas de belbutina

foice velha
                        machado velho
                                                        enxada velha
uma vaca parida
uma dita, solteira
bacia de arame   lampião de querosene   caçarolas de ferro
tear ordinário com pertences   colcha marcada ricamente
pratos bronzeados para doce
colchão de cabelos   cortinado de chita
cavalo castanho
cabeças de porcos novos
a escrava Joaquina Creoula
                                                          Uma casa que serve de paiol

... Mas o grande sertão dos Gerais povoava-o,
nele estava, em seu amor, carnal marcado. Então,
em fim de vencer e ganhar o passado no presente,
o que ele se socorrera de aprender era a precisão
de transformar o poder do sertão — em seu coração
mesmo e entendimento. Assim na também existência
real dele sertão, que obedece ao que se quer.
Guimarães Rosa

A ROSA MALVADA

(1980)

J'ay chaut estreme en endurant froidure
[Tenho calor extremo em duradouro frio]
Louise Labé

A obra *A rosa malvada* foi publicada em 1980 pela Editora Clarim, com capa-colagem, diagramação da capa interna, desenhos e textos a cargo da autora. Conta também com desenhos de Martha Lanari Coelho, um retrato a bico de pena da autora por Carolus, orelha com artigo de Brito Broca e poema de Maria Ângela Alvim, além de prefácio de João Geral Nogueira Moutinho. O livro era ainda dedicado a Henrique Mesquita, acompanhado do texto “Não há pensamento fora desse sentimento”, o qual foi suprimido em *Vivenda*, única alteração digna de nota.

LIRA RECLUSA

ALCOVA

Em meu corpo tem um bosque
que se chama solidão

TRÍPTICO PARA PIRILAMPO

I

Se me chamam de ausente não me dou por achada.
Esvoaço na sarabanda dos ninhos
E o coração deixo quarando até rachar.

II

Choro para lavar os olhos
– doce nação
a dos suspiros!

III

Perdi as asas para o amor.
Outros véus acendo
morte afora

NOSFERATU

Não era bem isso que eu queria,
no entanto, ele veio.
Olho de vidro, dente de espada,
sopro de guerreiro afeito à noite.

– Por que tarda tanto
o teu amanhecer sob a capa?
– Por que veio?
                    perguntei.

E ele debruçava, derramava
sobre mim
               um jeito de morrer.

NUM ÁTIMO DE AMOR

ao velho Oswaldo

Sem pompa, subimos pela rampa
Que dá para o sonho. Flamba o olhar
Entre sumárias palavras: alma,
Garante um lugar ao sol. Aqui
Ao toque da mão, discriminados,
Os elementos da terra se abrem
Consanguíneos, em cheiro e tato:
E apalpam no ar as tenras partes
Em lufadas de espinho e magnólia.

A volúpia de Paris se evola
No spleen das redes, nos rudimentos
Do tempo – Danaïde ou begônia?
Tufo de nádegas debulhando
A cor dos lábios, sombra de dentro –
Em teu exíguo espaço viajamos
Sem idade, sem lamúria, contra
O peito de Spinoza e o compasso
De Brancusi: "Excelentíssima,

Já viu samambaia azul?" Assim,
Submetidos ao rigor abstrato
Camuflamos no painel do medo
Um tom impressionista: nenúfar,
Ser-Em-Memória, marulho d'água.
Na tarantela da trapoeraba
Aspereza de adeuses e vinho.
Aqui te brindei: eternamente,
– Trincar de cristais em meus sentidos.

LÚCIA

Poema que nasce pronto
é só deixar crescer

ARGELOUSE:
NA INTIMIDADE DE MAURIAC[1]

I

C'était un beau jour clair et froid
Thérèse se leva
Monsieur Bernard s'y connaît pour dresser les mauvais chiens
Des tisons vivaient encore sous la cendre
Voici, sur le palier du grenier, l'armoire où pendent les vieux
vêtements – cette pélerine délavée a une poche profonde

Pourquoi redouter ce sommeil plus que tout autre sommeil?

II

A cause des moustiques, Bernard n'avait pas voulu que la lampe
fût allumée
Moi, songeait Thérèse, la passion me rendrait plus lucide;
rien

ne m'échapperait de l'être dont j'aurais envie

Si le vent avait soufflé du Nord, mes pins de Balisac étaient
perdus

....

1. [N. E.] O poema é inteiramente feito de colagens de trechos do romance *Thérèse Desqueyroux*, de François Mauriac. Trad.: "I. Era um belo dia claro e frio/ Thérèse se levantou/ Senhor Bernard sabe como adestrar os cães ruins/ Tições viviam ainda sob a cinza/ Aqui, no patamar do sótão, o armário onde ficam as velhas/ roupas – essa capa desbotada tem um bolso fundo/ Por que temer esse sono mais que qualquer outro sono? II. Por causa dos mosquitos, Bernard não quis que a lâmpada fosse acesa/ Quanto a mim, sonhava Thérèse, a paixão me deixaria mais lúcida;/ nada/ me escaparia do ser que eu desejasse/ Se o vento tivesse soprado do Norte, meus pinheiros de Balisac estariam perdidos".

SOMATIZAÇÃO DO SONETO

O Amor está na cara: em carne viva.
Há uma porta batendo sem parar.
Palavras entram. Saem. Persuasiva,
a Loucura preserva seu lugar.

Soprarei o humor desta ferida
aberta para só me ver sangrar.
Há um golpe de ar em minha vida,
uma quina de esquina: quebra-mar.

Visito. Se me vou. Irei voltar?
Entre papéis colados, sob medida,
há sempre uma paixão a recortar.

E o colo lembra a glosa, par a par.
Contraditória Rosa, assim perdida,
que te expulsa e te trava, devagar.

PLATÔNICA

Respinga sobre o texto o sépia da pele

    lábios arroxeados   queixo   merenda

Sumidouro é quando o rio some

                    enche as medidas

CALENDÁRIO

Presumo
que o verso pisca maroto
para a menina dos olhos
            verde-sumo

COLAGEM

A vida é um todo
    fragmentar esse todo é meu grande deleite

tesoura   papel

obedecem a uma lógica inexorável
  fazem de mim

simples brinquedo

RELICÁRIO NEGRO

De tudo farei um responso
para que o sopro não cesse –
trança   moringa   ressalva
são instrumentos de prece

Adeus, portanto, é esconso
tilintar de uma quermesse –
o sangue que derramamos
é instrumento de prece

MARCIANA

Não dou para ele nem dou para ela
   Detenho as rédeas da crisálida
Para quando estiver com melhores cores
   E o poder arregaçar o sonho

É possível, então, que nada peçam

AINDA BATE O MEDO

Prendi o recreio de um carinho
torci o pensamento
olhos atarraxados contra a tábua
          trêmula   trêmula
teto e chão entrelaçados
do império de rosmaninho fico à espera
oblíqua

                    chuva de prata

SIBILA

The rose is out of town[2]
    para desespero
        dos espectros

2. [N. E.] "The rose is out of town" é um verso de Emily Dickinson: "A rosa está fora da cidade".

PERFIL NA LAMA

Sentimentos embotados
    A penúria dos dias transcorre
Invasor da retaguarda Mercúrio disse:
    "Ninguém pode te tirar daqui"

Néctar de chumbo
                                        eu mesma

A não ser

MINIATURA DE AMOR

Pendurei-a no pescoço
(não me dava conta de seu culto)
natimorta

                        rebrilhava

DIANTE DE TI

Roga a Deus
da passarela pulverizar as chagas
Estarrecidos nos deparamos
ração a meio

o mistério racha sem dó

AFRESCO PROFANO

Sete vezes fui mendiga
Sete vezes fui sacrada
À porta do Rei

ENTERRADA VIVA

Nunca mais vi o sol
          – Se o vi
foi sem merecimento

SOLEIRA

Deixe de lado esse corpo malvisto
e o coração ponha à larga
como um cisne

FLÁVIA

Menina que fura onda
Em tempo de maré alta –
para suprir tua falta
mergulha, gaivota, e ronda!

FRASCO DE ÂMBAR

À força de guardar-te
evaporaste!

SOBRE AS TÍLIAS

Meu corpo está em julgamento
ninguém escuta

o silêncio da alma

POEMA SURTO

para Ferreira Gullar

Maranhão

emaranhado

amor

O PECADO TEM COR

Cajueiro:

o céu vergou
de uma dentada

CRISTAL DE ABRIL[3]

Delight
coming
How proud is the moment

3. [N. E.] Trad.: "Deleite/ chegando/ Como está orgulhoso o momento". Não foi possível encontrar a fonte e determinar se se trata de uma citação.

PELO TELEFONE

Abri um tempo em minha noite
para te ouvir
Abri um espaço em minha alma
para calar

EUCARISTIA

Retalhei o pão desprovida de êxtase
        Ao mistério sucedia Tua língua –
Estava absorta nas leis do pardal

Enferma
mordiscava migalhas dando volta ao cadeado
                Do vinho o travo era puro desdém

AMURADA

Subitamente
fecha-se o tempo:
velhice

rosa dos ventos!

MEU PAI, OITENTA ANOS

Mareja uma água do lado
que vai para Angustura –
Desengano
dói
mas não dura

CARISMA

Julien Sorel dava ao amor os últimos retoques
Assim foi durante longo tempo

Um dia apareceu Roberto Carlos

Cantando

Tudo mudou:

Ninguém sabe por quê

INSÔNIA

Cremaram os ossos do sono.
Moía os dedos, o tresloucado.
Tanto atropelo nos descampados:
Mal pude crer – Amanhecia!

FABULAÇÃO SOBRE A MORTE

a Joel Birman

Saiu pela greta
Fez-se pequenina entre os grandes
Entre teus joelhos
                    Pública

Esmerava-se nas palavras
(Tornara-se grande entre os pequeninos)
                    Última

PRÊAMBULO PARA OFÉLIA

Morrer   Boiar   Florir

CLAREIRA
POEMAS À BEIRA D'ÁGUA

REGATA

A lagoa está toda de branco!

LITORAL

Os pés são sagrados.
Mais que os olhos, a boca, mais que as mãos.
Sobre eles o pensamento alça.
Humilde é sua planta.

AMIGA

para Pompéa

Livro

Cadeira

ponto azul na areia

pão com manteiga

gomo de mexerica

bacia larga

Iguaba

TOQUE MÁGICO

Tenho medo da mata virgem
Ela tem um visgo
Capaz de me perder

AQUARELA

Um amor antigo surge

à tona d'água
Cabo Frio

pinceladas de Marquet diluídas na memória

bolo no estômago barco a remo

estio

SÍTIO DAS ANDORINHAS

Pescaria

papa-capim

galo-da-serra

bigudinho

carapeba tainha cocoró

Em todos os cantos da terra existem Marias

MUTAÇÕES

O mar de Liv

Liv de Ingmar

Ilha de Faro

Falar o Mar

PIC NIC

Comendo com os olhos
aos poucos
nos vamos

TRÊS PEDRAS

Uma casa

Um cachorro

Um poeta

responderão por mim

MURALHA

Pula o cheiro

da lama negra:

vou ao fundo de um tempo

cheio

SONATINA

Só Catulo poderia descrever

tal lago

tal lua

eu

apenas cuido

de banhar o poema

pelo corpo

PONTILHISMO

A moça mergulha

alisa o ventre

bolha d'água

favas de tamarindo entre ela e o céu

dúvida

CARAVELAS

Santa Maria
Pinta

Nina

a infância

na ponta do dedo

GRINALDA

O anzol risca o ar
Curva o pensamento

RAMO

O mar foi um longo aprendizado
    A poesia ficava à margem

TAPA DE LUVA
POEMAS DE MEU IRMÃO

DIPLOMATA

Tenho o maior prazer
De vê-lo quando possível

BONEQUINHA

Não quer?
Mas tem que querer

FORTUNA CRÍTICA

Manga Mallarmé
Não engana ninguém

REPRESA

Deixa
Ele está no fim da vida

PASSE LIVRE

Você para mim é como a lebre
Abre logo estas pernas
Só sairei daqui morto

ZÉ PAVÃO

O cheiro dela
Invirtiu no ar

TELEFONISTA

A voz
Conta sua grande aventura
Fora visitar três velhas tias
Enquanto o marido ouvia o futebol

PONTAL

Verdura só capim
E os olhos de Tereza
Saudade só de quem
Pisava manso

AMOR CORTÊS

Uma vida é pouca
Para tantos joelhos

URUTU

Se não mexer com ele
Ele não faz nada

BANHO DE CHUVEIRO

Doutor, o que é que eu tenho
Até hoje ninguém me disse

NOITE DE GALA

Um país inteiramente nu
Pelo tempo que estamos aqui sentados
Um país que não houvesse
Nem pai nem mãe
Sem sobrenome

EXTREMA-UNÇÃO

Chamem o destacamento de Oliveira
Quero que fique bem claro
Não vim aqui para pedir desculpas

BATALHÃO DE POLÍCIA

Ao que tudo indica
Para melhor segurança da área
Faríamos povoar mais ainda as nossas estantes
Em favor do bem comum

PRAZER CRIMINOSO

Ele só come
Bife a cavalo

PARADA

Foi aqui

SONETOS NO JUÍZO PERFEITO

AMOR

Este pobre animal que se derrama
Entre tufos de sedas e suspiros,
Não tem corpo nem alma – sua chama
É um leque de sombras sobre lírios.

Inútil procurá-lo pela cama
Tal como um pensamento conhecido –
Ou testá-lo no pelo que se inflama
Contra a pele sem cor e sem sentido.

Vem do ar ou das águas represadas?
Tem o tino da flor, zelo de lua,
Ou apenas a forma imaginária?

Ah, deixa que te sangrem as espadas,
E deita sobre a pedra, e continua
Esse mover de asa procelária.

PARTITURA

No juízo perfeito, fui fechando
Esta flor que se abriu, inusitada –
Rosa desfeita em brisa na calada
Da noite – quando o dia foi virando

Como um lençol sem brilho, sem que nada
Ferisse a sua fímbria, fora quando
A fúria se rendia, debruada
Entre as pregas da aurora, esvoaçando.

Então se deu a última pancada
Partida ao meio – firme, redundando,
Surda carícia, escala inacabada.

Além de toda fome, sublimada.
Superfície de veias estalando
Como a lenha madura e Consagrada.

RESPONSO DA OBSESSÃO

Que este resto de vida por viver
Seja à prova de sonhos e porfia –
O corpo é uma forma de prazer
E a alma tem a tez crispada e fria.

Não me espanta que o gesto de morrer
Deslize como a seda mais macia –
Que faz o amor, senão intumescer
Sob a tênue pressão que o envolvia?

Esse porte de dor, não carregamos
Como arma de branca transparência,
Mas sim para solver perdas e danos.

Num rasgo de pudor, silenciamos.
Pois que vale, a rigor, a consciência
Além de seus limites soberanos?

VERÔNICA

Estávamos a um palmo de distância.
Transuda sob a pele a branca espuma.
O reino da palavra, é, em suma,
um lento desdobrar de cinza e ânsia.

Do olhar, não. Mede a distância
e emite e configura e tudo apruma –
no mesmo espaço interno, sol e bruma,
a mesma vibração vinda da infância.

É isto que desata minha blusa,
faz volver minha alma e minha vulva:
olhar e ser olhada, inconclusa,

não poder te tocar, forma difusa,
sorver tua penugem fria e fulva
– que loucura e paixão, no ar, se cruza.

DANÇA DOS ESPÍRITOS BEATOS

A navalha. O Verbo. O movimento
O Menino de barba crespa e basta.
O Cavalo-Marinho (aquele passe
de nunca ser tomada de surpresa!)

Grávido de mim. Quem? Senão a Ti
faria? Onde o Mal, em tal sacrário?
A tua cabeleira negra e casta.
Os meus cabelos tesos e metálicos.

Chamamos pelo nome esse pecado:
Amor: – penetra fundo na palavra
e reboa no ar: Amaldiçoado!...

E quanto mais te ouço mais me encorpo,
cerzida ao teu Corpo, que é meu corpo,
que não vejo, não cheiro, que não toco.

SONETO ENTRE SÚPLICAS

Um pombo que arrulhava, arrulhava.
O abandono. A baba que escorria.
Um lobo que espumava, que espumava.
Tu me ferindo, fada – eu te premia.

Os canteiros enxutos, quem regava?
Os viveiros vazios? Explodia.
Entre cachos, espasmos, exultava
a fera, que ferida, me sorria.

Se fui tua criança, teu falcão,
em momentos fugazes, sorrateiros,
(por mais que me pratique a solidão,)

– te juro, meu amor, fomos inteiros
em tudo que te peço: irmã, irmão,
e de tudo provamos: os primeiros.

PELO SINAL DA CARNE

Quisera que você desse o alarme.
Um tiro à queima-roupa. Sulco. Topo.
De dentro para fora. Ah, pudera
retesar de tal modo minhas pernas

para que teu Espírito, entre elas,
como fálus que é, e não se quebra
diante do fogo ou sobre minha treva,
cobrisse, nessa hora, toda culpa.

Por isso aqui estou: serva maldita,
enquanto vais tecendo uma sentença
com tua voz de cripta, ininterrupta:

– é bom fofar a terra, ó menina,
até quando houver em tua língua
aquele tom de Rosas, ou de Fuga.

VERANEIO DE INVERNO

Era um clima de dobre, tenso e curto.
O Destino traçado em poucas linhas.
Minha ausência e você – as artimanhas
do pássaro sem cor, ao pé do ouvido.

Eram tuas, é nossa, eram minhas
as pétalas do inferno, abrasivas.
Tua presença e eu – as caravanas
perversas do prazer, eram tão vivas.

Foi preciso que tua mão caísse
casualmente, sobre o coração,
(que em mim pulsava, como em toda gente)

para que me dissesses: ó meu bem,
que amarelo sustém o teu vestido
nesse abraço convulso de verão!

FRAGÍLIMO

Não me arvoro a correr sobre teu corpo
como a água, o pó, ou como o vento –
o sangue que se esvai é lento, lento,
escorre entre rosais. E nem me cobro

os beijos que embargaram minha boca
(não me deixo embeber de sentimentos) –
cilício, meu tesouro é lento, lento
estanca entre cristais. E ateio fogo

à fria porcelana do teu corpo,
à nuvem de algodão do esquecimento,
ao equilíbrio falso desse tombo;

ajudo a esfacelar os estilhaços,
já que nesta aventura, eu é que faço
alvejar a muralha do teu ombro.

BOSQUE DO LUTO

Enveredei na tela do teu pulso
e quis cortar o mal pela raiz.
Vi o verde nas brechas do teu tronco.
Vi o tédio da tarde contra a luz.

Terei lavrado um tento? Ou me perdido
nesse esboço de bosque, passo a passo
palmilhado sem trela, por um tempo
ainda baço? Não. Fui teu achado,

foste minha paz. Nela me afugento
cada vez mais veloz, voraz, adentro,
– quando a vida assediava, sem a dor

que dá nexo ao amor, eixo aos meus nervos.
Assim vamos plantando nossos versos
com a gratuidade de uma árvore.

DORMITÓRIO VERDE

Chegarei com fervor à tua porta,
os braços anuviados, a garganta
estreita como a corda. Deita, amor,
à borda deste berço, desta campa,

entre a folhagem hirta. Lado a lado
ficaremos: eu, louca – tu, submisso.
Embora seja tarde, embora nula
seja a verdade, sou tua aprendiz,

teu simulacro. Venho com furor
bater a minha gula nessa dobra de
cavidade funda. Ó destreza

que faz cair a pálpebra, que inunda
de silêncio e penumbra o sofrimento
e afrouxa a cupidez com que me cubro.

LUFA A LOUISE LABÉ[4]

... Baise m'encor, rebaise moy et baise
beleza de meus olhos, refratária
ao tempo, ao sonho – torre que suscita
tremor de entranha, golfo marulhando

Que tout le beau que l'on pourroit choisir
sirva a qualquer ensejo, ao teu desejo –
por livre gesto e gosto, sou objeto
posto à meia-luz: bras, mains et doits, ô

ris, ô front – ó reflexos de Vermeer
despindo a camisola de cetim!
Luth, avental, maçãs que vens de Flandres

Tant de flambeau pour ardre une femmelle!
Em ti quero viajar, como a gazela:
Sentant mon oeil estre à mon coeur contraire.

....

4. [N. E.] Todos os versos em francês são colagens de Louise Labé. Trad.: "Beije-me ainda, rebeije-me e beije/ (...)// Que todo o belo que se poderia escolher/ (...) braços, mãos e dedos, ó// riso, ó fronte (...)// Quanta chama para arder uma fêmea!/ (...)/ Sentindo meu olho ser ao meu coração contrário".

LUA NOVA

Aqui estão meus mortos mais chegados.
Aqueles que se foram por descuido
De poeta, fazendeiro, enamorada.
Aqui eles estão aprimorados

Como a flor solitária em Vaso Etrusco,
Abrindo uma porteira sem divisas
Ou bordando o amor em linho branco.
(Trocam de silêncios sob as árvores

E cruzam as raízes contra o muro).
Aqui eles são três tonalidades
De verdes só de Blake, empoeirados:

Caídos como a noite sobre as águas,
Sob os arcos, à beira dos abismos:
Contradança ao som da Eternidade.

BATENDO PASTO

(1982)

Batendo pasto foi escrito até 1982 na Fazenda do Pontal, onde Maria Lúcia Alvim morava com Zé Pavão. Foi conservado em cópia artesanal feita pela própria autora e numa fotocópia guardada por Paulo Henriques Britto, onde se pode conferir que os poemas estão acompanhados de colagens de Maria Lúcia. Foi publicado apenas em 2020, com seu consentimento, pela própria Relicário, com desenhos da capa de David Schiesser, fotografia da autora por Sebastião Rocha Reis (Pury), orelha e posfácio de Paulo Henriques Britto e textos de apresentação de Ricardo Domeneck e Guilherme Gontijo Flores. Recebeu o Prêmio Jabuti de Poesia em 2021, já postumamente. A presente reedição não tem nenhuma alteração.

aos meus cincoenta anos
nas águas de Scorpio.

para Zé Pavão, tecelão do meu Destino.

Il m'y promena comme au Paradis.
[Ele me guiou por ali como no Paraíso.]
Goethe

A dança da carranquinha
É uma dança estrangulada
Que põe o joelho em terra
Faz a gente ficar danada
Cantiga de roda

ÊXTASE

Pousa
ó pombo
que me conheces a fundo!
Speak to me
Stay with me
Speak[1]

1. [N. E.] Trad.: "Fala comigo/ Fica comigo/ Fala".

Umbigo de bananeira
os lábios dela
por onde nasci

Ladeada de lágrimas
espargindo seu nome
depositei sobre o túmulo
uma a uma

Mon coeur s'ouvre a ta voix[2]
tarântula
recrocita a solidão
estrelas, como nunca.
Vala Volúpia
D a l i l a

2. [N. E.] Trad.: "Meu coração se abre à tua voz". O trecho em francês é o título de uma ária da ópera *Sansão e Dalila*, de Saint-Saëns.

Morcegos são filhos indesejados da noite
Eu os incito
                    fluxo e refluxo
Pendurados

                na parte mais alta do meu coração

Manhã sem rusga
pequeno depósito de agrura na poça
exorbitei de alegria
a abóbada celeste não dá vazão
silos de silêncio
ó ser astral
o capim é minha grande reserva interior
a esperança
desleixo

Curral
é onde o real
passa por cima

Sagrada rotina
a ti me arrocho
Desatinar é um solipsismo
tosco
Me empolga lembrar no escuro!

Fiz menção
de ajoujar a dor
aparatos da paixão
quero mais
altos padrões da cólera
mais mais
a eternidade, com seu ar velado,
estrugia
redobro as abas do corpo
glande

Amoitado em meu corpo
o amor
quente quente
flor de marianeira
a sofrear
bolor

Figueira-brava
provei tua doçura
morácea
tuas flores invisíveis encerradas em
receptáculo carnoso
alvacentas
diáfanas
tua pele castanho-violácea
vermelho-carmesim
a tua polpa

Figueira-mansa
escamosa
solitária
tenho as costas perfuradas por dois olhos
minhas artérias pubescentes
pulsaram no batismo do teu nome
árvore-corpo
pojando

Meus olhos são como dois bacorinhos
feridos de morte

Onda de capim-gordura
vem do vento
espaventando as seriemas

Língua
clystère d'extases[3]
Traulitada
as tuas mãos

3. [N. E.] Trad.: "clister de êxtases".

Passei o dia engambelando meu corpo
de cá p'ra lá
de lá p'ra cá
Ensopei três sentimentos berrantes
gabolice

Chispa, chocalho
no frege das ferraduras

Bacurau
            feito eu
foste solapando o tempo
    – Amanhã eu vou...
    – Amanhã eu vou...

O amor
soltou do meu corpo
como o tamoeiro da canga
desgovernou
todo um tempo
de amanho

É tarde carícia
  a gota de orvalho
susta na folha
  o armistício

Magia tuas setas
cepo   sebe
tarde cruciante como um xale
tisnada
impunemente

O amor
    do galo e da galinha
ele
    bélico
ela
    abúlica

Imolava palavras para te encantar
tunda cabriola carapiá
Estão cheias de leite
pétreas reses
Galli-Curci
gororoba
Creio piamente em teu amor, monsenhor

Aquele que um dia fará o meu caixão
de antemão tem as medidas:
                                        menina-carapina
                              surrupiando
Viu crescer, prometer, viu sazonar.
Quando o roxo dos ipês configurou-se
                                                  no horizonte
  aquele que fará o meu caixão
numa cestinha depôs amor
e morte

Lasca por lasca
                                        fava por fava
fui pedindo, fui rasgando, fui doando
      lóbulo   mindinho
esses rajados de pele, esses crestados
o estalido da cabiúna

O galo alvorescente
                                                  dourou

P o e s i a
un sourire et un regard figés[4]
– Nestas paragens os recursos do medo
são tão escassos!

ferroa ferroa

4. [N. E.] Trad.: "um sorriso e um olhar fixos".

Inverno
encafifada
engrouvinhada
à poeira peço referências
Orfandade:
escalpela!

Pleitear o Mistério me deixou desfigurada.
– Ninguém viu, tiziu.

COLUNA

Era uma tarde frese, empelicada.
Eu vinha fria e fétida, mas vinha.
Não tinha resto meu, se tudo eu tinha
Não era nome ou rosto, de onde eu vinha.

Ele me viu da branca paliçada
E veio ao meu encontro, já que eu vinha
Na mesma direção, pois que não tinha
Nenhuma outra saída, de onde eu vinha.

Paramos sobre a ponte. Promulgada
Intimava os atalhos, mais não tinha.
Ele cercava o fogo até o cerne.

E fui ganhando brilho, por um nada.
Sem que nunca soubesse de onde vinha
A ressurgir no tempo em minha carne.

MÍMESE

Tenho um sinal de nascença
O coração não condiz
Esquartelado em ouro
Cinco flores de lis

Xadrezado em vermelho
Cala mas não consente
Quatro em fora
Quatro em pala

O timbre em leão
O sexo em sautor
Armas na mão

Sou coruscável

Não quero dominar a natureza.
Na colheita do arroz eu faço anos.
Fui mordida de cobra assim no limpo.
Dos poentes farei meus aliados.
Das tempestades minha camarilha.

A obsessão estalava sobre a trempe.
Amiúde, trocávamos o cueiro
da vermelhinha, minha predileta.
Encher a carretilha, não me chame.
Difícil combinar as duas vezes.
Surrei a tiririca inconspícua.
Considerei São Jorge e seu cavalo.
Dei uns passos de verme nas estrias.
Vou remando, avoada, vou luxando.
Joguei na Fugitiva. No Cardume.
Candiar é questão de afinamento.
Só daqui é que vejo a cachoeira.

TORRENCIAL

Caçador de Primaveras
Tenho Indulgência Plenária
Empírica sobre a Terra
Capinada   Cavucada
Tu és minha Natureza
A Rodo no Pensamento
És a Verdade Suprema
À Hora do Sentimento
Fonte Trêfega e Profana
Altura Verde do Vento

Dentre Vós Desapareço
Ó Dama do Cheiro Forte
Abrevie Este Semblante
Estes Calores Noturnos
Borboleta Panarício
Miasmas da Menopausa
Puxam Muito pelo Bem
Pela Chegada das Águas

CINCO SONETOS ENCAPUCHADOS

I. do usufruto
II. cantiga de roda
III. de Clarice
IV. do balaio de gato
V. do gato Lohengrin

Este soneto é em usufruto
das palavras que aqui vou perpetrar.
O fruto se retalha, dissoluto.
Palavras criam corpo no lugar.

Corre os olhos num rasgo de Absoluto.
Repare nesta folha, circular.
Nesse gomo roliço, diminuto.
Na pedra corriqueira, a ressudar.

Assim o Coração, pão de minuto.
Aquilo que na moita irá grassar.
Amor pardinho, virá o dia curto.

O Bem virá depois, para ficar.
Ao contrair o Sol, zarpo de bruto:
Meeira, me aboleto, sabiar.

Eu era assim no dia dos meus anos
E quando me casei, eu era assim
Eu era assim na roda dos enganos
E quando me apartei, eu era assim

Eu era assim caçula dos arcanos
E quando me sovei, eu era assim
Eu era assim na voz dos minuanos
E pela primavera, eu era assim

Enquanto fui viúva, eu era assim
Enquanto fui vadia, eu era assim
E pela cor furtiva, eu era assim

No amor que tu me deste, eu era assim
E trás da lua cheia, eu era assim
E quando fui caveira, eu era assim

Em Clarice, o humano era disfarce
para o bicho que nela dormitava.
À guisa de dublar-se. A esquivar-se.
Crivada de aderências, como o cactus.

Fosse Simptar, a célula que implode.
Talvez Amptala, como quem ilude.
(Mas em Aperibé dei com seu rosto
de argamassa: – e era puro Nolde!)

Uma gata lambendo sua cria
é toda compaixão – cada palavra
percebe o seu quinhão, anda à deriva.

Assim: esboroar. Chega-te, Deus:
pela via do corpo, tergiverso.
Baldado o coração, que bate em cheio.

O balaio de gato era forrado
de chita bem ralinha, esbranquiçada.
Estranho, repensava: este chitado
me lembra alguma coisa já passada.

Talvez fosse a menina, amiudada,
nas dobras de uma sombra. O chuleado
de sua sobrancelha. Ou a risada
do bibelô chinês, desobstinado.

Estampas abusivas do pecado!
O gato no borralho, a mosquitada,
esse tremor de folha e cortinado.

Há um dedo de mentira no riscado
do tempo, um arremedo, uma laçada:
a chita do balaio é o passado.

Meu gato Lohengrin   branco peludo
Meu tacto de cetim   -seins aux fleurs rouges[5]-
Meu talo de jasmim   hausto e hálito
Meu pulo no capim   meu chaperon

Meu gato curumim   solo de flauta
Meu friso de marfim   meu incunábulo
Meu Rideau Cramoisi   meu quadrilátero
Meu súplice   meu sáfico   meu súcubo

Meu gato galarim   alma e aprisco
Meu óbice   meu trâmite   meu álibi
Meu Objeto Letal   meu Objurgado

Meu gato   meu Cão   meu Turno Noturno
Meu quarto de cal   meu Magnificat
– Quem te comeu foi Deus, não foi, meu gato?

5. [N. E.] Trad.: "seios com flores vermelhas".

LITANIA DA LUA E DO PAVÃO

Piedade lua
De castidade

Luva de Ismália
Chapéu de palha

Olho propina
Escarlatina

Primopolia
Do todavia

Tu mastodonte
Anacreonte

És usufruto
Do eterno luto

Sua Alteza
Da morbidezza

Rola-divã
Na telha vã

Catatonia
Aerofagia

Ó impromptu
Do déjà vu

Tu subalterna
Tu baliverna

Fula bruaca
Urucubaca

Boia baiuca
Da paranoia

Minha caminha
Nodo coisinha

De déu em déu
Laudamus Te

– Pavão Pavão
Aparição!

– Ó trapizonga
Ó Songa-Monga!

– Pomo-de-adão
Flor de algodão!

– Tu segureira
Ensurtadeira!

– Chave de engenho
Venho não venho!

– Grampo grampeia
Parede meia!

– Foice carinho
Pá pergaminho!

– Chi lagartixa
Espicha espicha!

– Acha da insônia
Sem parcimônia!

– Roda moinho
Devagarinho!

– Alaribá
Me dá me dá!

– Galhofa tralha
Ralha pirralha!

– Torno de lua
Turno tão nua!

– Fio do prumo
Senha do sumo!

– Ó serraria
Havia havia!

Lua me alenta
Fuça me atenta

Língua de vaca
Euparistaka

Unha de boi
Que foi que foi

Arranha gato
Que desacato

Erva de coelho
Dobra o joelho

Ó fruta pão
Senta no chão

Cipó caboclo
Nomenclatura

Ó jurubeba
Ó derrubada

Taca arataca
Chué maritaca

Oi barbicacho
Ó chocadeira

Tu cabeçalho
Mete no malho

Santo celeiro
Durmo primeiro

Ó viuvinha
Faz cadeirinha

Carumirim
É o fim é o fim

Todos os males
Imolamus Te

Loca de luna
Itaperuna

Ó ziquizira
Ó pomba-gira

Trinca de ases
Em Cataguases

Lava na tina
Leopoldina

Finta quem falta
Cruza Cruz Alta

Xinga catinga
Pirapetinga

Dó ré lá si
Ri Miraí

Pesca piranha
Em Mar de Espanha

Meu leopardo
Tu Rio Pardo

Sapeca o Olimpo
De Campo Limpo

Ó mal do monte
Sobe Trimonte

Incongruência
Da Providência

Laço de fita
Laça Girita

Estrela D'Alva
Só sã e salva

Gambá gambá
Tenderepá

Pira pavão
Muda de tom

Lua de Isolda
Tora Tristão

Pavão real
Bate Pontal:

– Serra serrote
Bunda barrote

– Formão de goiva
Entalhanoiva

– Tu pontalete
Recalcitrante

– Ó alavanca
Tranca retranca

– Caibro macete
Cãibra fagote

– Ó pé de cabra
Abracadabra

– Trado mixórdia
Mixa rapsódia

– Plaina pamonha
Broca bisonha

– Mancal mancal
Genho de pau

– Tu mão de Judas
Capeba arruda

– Ó braçadeira
Fungo frieira

– Psiu esmeril
Ainsi-soit-il

Lua voyeuse
Exáudi nos –

A cor é mística
Coeli corusca –

Palavra física
Ab ira tua –

Ó Chatanooga
Ó longitudine –

In via Sion
Pa ra ti bum –

Lua crescente
Crescat in nobis –

Véu da barriga
Verúmtamen –

Tu celibate
Inviolata –

És filha única
Turris ebúrnea –

Encanzinada
Et obumbrábit –

Laranja lima
Et mane prima –

Zircão Mateus
Et clamor meus –

Ralentissez
Electa me –

Ó Aridede
Misericordiae –

Varge-vacorum
Per soeculorum –

Luna Pavuna
Muda pavana

Chicocheteia
Espavoneia

Empavonada
Pavoneada

– Lua minguante
Mirabolante

– As ameaças
São carapaças

– Agora donde
Esconde-esconde

– Chucha cavilha
Tacha manilha

– Tulha diacho
Funcho fogacho

– Branca hortaliça
Priora hóstia

– Tu repolhuda
Tu batatuda

– Baga bugalho
Chipe ato falho

– Ó menininha
Mãe ó maninha

– Ó trem da treva
Leva me leva

– Batendo cílios
Como as estrelas

Pela tardinha
Subo p'ro pasto

Sozinha

BALAIO DE GATO

CONTRAVOLTA

Vagalume

Troquei de idade aos olhos do verde

ANGELIM

O carinho é um outro caminho do corpo

ARCO DE JENIPAPO

Portão

rojão do tempo

SEIO

Rodeia a rodela do símbolo

LAMBUJEM

Meninos, bati

Madame Bovary

LETARGIA

Num vu

A varejeira

Ventilou

SUCANGA

O pensamento é um tira-pôr

ÍNGUA

A cobra me viu

Não vi a cobra

BAIXIO

Mil vezes

esgotar córrego

VENTO VIRADO

Nervos amotinados

Cortei uma franja

STELLA

Ai, que desperdício de dor!

NESTE NATAL

Beethoven

Variações Diabelli

Friedrich Gulda

Coração

Allegro comodo

Larguetto

Allegro affetuoso

ANO-NOVO

Mexendo angu

Ouvindo estrelas

Poux

 Caillou

  Hibou[6]

Poaia

6. [N. E.] Trad.: "Piolhos/ Seixo/ Coruja".

FEIXE

Descambei

Para o bambu

CERRAÇÃO

Os três porquinhos

Ficarão para semente

ARROIO

Trazia o coração numa tipoia

Era de somenos

DRUMMONDIANA

A hora H existe?

LARGO DA IDEIA

O sentimento é um antro

FOLHA SANTA

No rol do esquecimento

LOGRADOURO

RABO DO OLHO

(1992)

Rabo do olho permaneceu inédito até hoje. Sobreviveu artesanalmente como peça única datada de 1992, também em Pontal, cuja fotocópia foi confiada a Paulo Henriques Britto, bem-organizada e toda datilografada. O objeto é composto por colagens de imagens e de textos, neste caso trechos inteiros em francês extraídos de Flaubert. Seguimos aqui a mesma lógica editorial de *Batendo pasto*, cujo processo foi acompanhado por Maria Lúcia Alvim em vida, de modo que consideramos apenas o aporte textual, deixando as colagens de lado para uma futura edição fac-símile.

Ao Pavão
em terra firme

La vie ne me semble tolérable que si
on l'escamote.
[A vida só me parece tolerável se
a escamoteamos.]
Gustave Flaubert, Correspondance

FORMA DE VIDA

UMA DEDICATÓRIA

Esse álbum
minha filha
deve ser para você
como aquele canteiro misterioso do "Gitanjáli"
no perfume das suas flores
revelava
as mãos que as havia semeado...

ZÉ PAVÃO, OITENTA ANOS

Degredo
Pombal
Alecrim
Alegria

Rabo de burro
(o coronel mandava arrancar tudo)

Sou um homem prolongado
Estamos juntos

Paraty

COISAS DE ÁUSTRIA

Arquiduquesa
Maria Thereza
em seu leito de morte

– "Êtes-vous à l'aise?"
pergunta-lhe o filho
(en la voyant souffrir)

E ela responde:
– "Suffisement pour mourir."[1]

1. [N. E.] Trad.: "Está à vontade?", "ao vê-la sofrer", "O suficiente para morrer".

JEANNE HÉBUTERNE

Em plena Rotonde
O ouro de Memling
Pulverizado

DOIS JANEIROS

À Pierre Bettencourt
dans le jardin de Stigny[2]

Que vale o corpo?
Vale o Suporte

Bobo da corte
Ou boi de corte

Corpo é engodo
Porco p'ra engorda

I

Saskia de costas
Vira-se o rosto

Sinto-lhe a dor
Dobrar-lhe o corpo

Titus e eu
Nos revezamos

E a Ronda passa
Driblando a noite

II

Cesto de palha
Mecha dourada

2. [N. E.] Trad.: "No jardim de Stigny".

Pote de barro
Lenha passada

Côdea de pão
Estigmatizada

Corpo é flúor
Sombra de aguada.

III

Estrela do mar
Anadiomena!

A mais antiga
A mais distante

Rastro de espuma
Ar ondulante

Volte a brilhar
Em minha fronte!

La poésie est une
chose aussi précise
que la géométrie.
L'induction vaut la
déduction, et puis,

arrivé à un certain
point, on ne se trompe
plus quant à tout ce
qui est de l'âme.[3]

3. [N. E.] Trad.: "A poesia é uma/ coisa tão precisa/ quanto a geometria./ A indução vale a/ dedução, e então,// chegando a certo/ ponto, não mais nos/ enganamos quanto/ a tudo que é da alma".

COPACABANA

Como um papagaio no teu ombro

decorei teu Idioma
descortinei o Mundo

Teu nome
resvala entre a espuma do tempo

Eleonora Duse
Do Ar
Oriunda!

PATRIMÔNIO

para as "Edições Interior"

Lua
Deletéria lua
Anfitriã da noite!

Irmã branca do carvão.
Bilheteira da Última Sessão.
Verve do cão.

Tudo que tenho está sob a sua guarda,
e tua ausência de perfume
é o que mais me enobrece.

Para te servir
                    (ou me servires)
trocamos nossos Bens
e apagamos
                  os nossos nomes.

ENGANAR SEM ENGANO

Flocos de paina
ou
Flocos de neve?

– A dupla vida
de
Branca de Neve –

Ô ma Douleur!
(minha coadjuvante)
O Ambulante
irmã da noite

Fique tranquila
entre meus braços
(são teus pedaços)
donne-moi la main![4]

....

4. [N. E.] Trad.: "Ó minha dor!", "dê-me a mão".

MÓBILE

ao encalço de Teresa Balté

A borboleta da mata é transparente, de olhos pagãos
Ondula
a pequena altura
                                        e alonga-se
a transpirar sobre a folha
Depois, banha-se.
Entre a pele rugosa das patas e a tensão do abdômen
corre o ar
                    a inalá-la.
Ganha o espaço: o tórax elétrico, as antenas clavadas
o pólen das asas cintilando em profusão de cores
até o vórtice do verde
                                                        onde se apaga
Nas narinas, o orvalho

JÚBILO

Esfrego minhas mãos no calor do fogo
munida dos primeiros raios da aurora
A esperança
               é um sopro
entre a inércia e a brasa
               Abro a casa

Plus une idée est belle, plus la phrase est
sonore; soyez-en sûre. La
précision de la pensée fait
(et est elle même)
celle du mot.[5]

5. [N. E.] Trad.: "Quanto mais a ideia é bela, mais a frase é/ sonora; podem ter certeza. A/ precisão do pensamento faz/ (e ela própria é)/ a da palavra".

ALÉM-PARAÍBA

Bando de garças
sobrevoam o rio

(Ó, a retardatária!)

PENÉLOPE

Tudo que vi
àquele bordado
prendi

Tudo que sei
ficou de lado
passei

Tudo que sinto
é simulado
minto

Tudo que penso
é mastigado
infenso

Tudo que sonho
é emaranhado
bisonho

Tudo que amei
por adiado
cansei

Tudo que fiz
desfiz por querer

MARCO PAULO

Para mim está viajando
assim como era de praxe
estar perto   estar longe
por onde se pregam cartazes

Assim é que ele gostava
por alto   por volta
por quase

MINIPOÉTICA

Jogar o laço
Laçar o poema
    Diadema

Cruzar o espaço
Riscar o emblema
    Dilema

ÁPORO

A lua
soergueu
o solidéu

demoveu
o véu da noite

– Leah Lee
ou
Annabel?

(duplo açoite)

LENDO ELISABETH VEIGA

Palavras são redutos da paixão
    o travo e o entrave
    o chiste e o mel

Tecem o Apogeu
como quem afugenta pássaros

A VIDA QUE FOI SUA

Um mal-entendido
entre Sol e Lua

Je suis dévoré de
comparaisons, comme
on l'est de poux...[6]

6. [N. E.] Trad.: "Sou devorado por/ comparações, como/ somos por piolhos...".

ANNA C.

Cristal
na comissura dos lábios

PERNOITE

Pensamentos
                    afluem
como pernilongos

Il faut que les phrases s'agitent
dans un livre comme les feuilles
dans une forêt, toutes dissemblables
en leur ressemblance.[7]

....

7. [N. E.] Trad.: "As frases devem se mexer/ num livro como as folhas/ numa selva, todas dessemelhantes/ na sua semelhança".

PARDON, VERLAINE!
(Três versões)

a) Canção de Outono

b) Chove. Choro

c) Spleen

CANÇÃO DE OUTONO

Os violões do Outono
o coração sem dono
uma canção,
fazem lembrar
os dias passados
que os ventos malvados

varreram p'ro chão.
Se a hora agora
soa e magoa
meu coração
choro, deploro,
soluço em vão.

Pálida sombra
já me transporta!...
Ora revolta
Ora monótona
mais se parece
à folha morta.

Chove. Choro
a chuva que cai
do meu coração
ao limo do chão.

E esse langor
que todo me inunda,
o tédio das ruas,
repulsa e traição.

O doce barulho
por sobre os telhados.
Os olhos molhados
sem luto ou razão!

Pior do que tudo
não sei bem por quê,
sem o amor-rancor
meu coração se esvai de dor.

SPLEEN

As rosas eram vermelhas,
E negras, as trepadeiras.

Ao mover de teus artelhos
Querida, me desespero.

O azul do céu era tão terno.
O mar verde demais, o ar tão doce.

Sempre a temer – fosse essa espera! –
O teu poder de fera e fuga.

Nada me fala o azevinho,
O bucho, a folha brunida,

O campo sem fim – tudo me cansa
Fora de ti, ai de mim!

ÁGUA-VERTENTE

A Rogério Corção,
in memoriam

Há segredos
na ponta dos dedos

Há fantasia
na travessia

O mar em frente
puxa a corrente

O anel perdido
é não ter sido

Passo de lado
tudo é passado

Le bourgeois ne se doutent
guère que nous leur servons notre
cœur[8]

....

8. [N. E.] Trad.: "Os burgueses não duvidam/ nunca que lhes servimos nosso/ coração".

Ouro do milho
Lallicque
Borboletinha
Like thee[9]

9. [N. E.] "Como tu".

Mar
        nácar
do olhar

MANDALA

Sei que um leve sopro me deitará por terra,
Entre as flores, olhando uma rosa fanada,
Foi quando vi o sol, de uma navalhada,
Deitá-la ao chão. Ó ciosa Rosa que me aterra!

PÁTIO INTERNO

Carneirinho
Carneirão
Olhai p'ro céu
Olhai p'ro chão

Para Iberê Camargo

DERRUBADA

Entre a crista do galo
e a crista do morro
havia
um latejar de címbalos

C.D.A.

Dénoncer les fantômes
C'est plonger
Dans un univers de blancheur[10]

10. [N. E.] Trad.: "Denunciar os fantasmas/ É mergulhar/ Num universo de brancura".

RELENDO LU MENEZES

Tira por tira
pétala por pétala
a Rosa-Embira
abre-se em cheio
(a procrastinar
o olho
de entrecasca)

… le coude au bord de son assiette,
entre les deux bougies qui brûlaient…[11]

11. [N. E.] Trad.: "… o cotovelo na beira do prato,/ entre as duas velas que ardiam…".

DISSE CLARICE

Se falta dinheiro
                    para comer
Do amor e da amizade
não há nada o que fazer

À CABECEIRA DE BACH

para Maneco

Suposto que a Vida
corre nas veias
assim como o rio
rola nos leitos

Suposto que o Amor
pulsa nos dedos
assim como a areia
vibra no vento

a morte seria
pausa no Tempo

COROA

Amor
a seu dispor
vivi

REIZINHO

Bico
        calado

POEMA-COLAGEM EXTRAÍDO DE UM POEMA DE YVES BONNEFOY

VRAI NOM

Ce destin éclairant dans la terre du verbe

s'est accompli

Je viens[12]

....

12. [N. E.] Trad.: "Nome verdadeiro – Esse destino luminoso na terra do verbo/ se cumpriu/ Eu chego".

j'aurai

Dans mes mains ton visage

Je suis

Je détruis ton désir
ta forme, ta mémoire,

si grand soit le froid qui monte de ton être[13]

....

13. [N. E.] Trad.: "eu terei/ Nas minhas mãos teu rosto/ eu sou/ Eu destruo teu desejo/ tua forma, tua memória,/ tão grande seja o frio que emana do teu ser".

éternellement

enseveli

em meu peito o país que acende a tempestade[14]

....

14. [N. E.] Trad.: "eternamente/ sepultado/ *dans mon coeur ce pays qu'illumine l'orage*". Em itálico está de volta à língua original o que MLA traduziu do francês.

je tiens Douve morte[15]

15. [N. E.] Trad.: "eu tenho o rio Douve morto".

MERENDA

– Objetos no
estilo "Victorian".

MERENDA I

O Mal incita
O Bem vacila

A Beleza põe a mesa

MERENDA II

Lembrar   Relembrar
é forma de vida

Maneira de olhar
em contrapartida

Ver   Reverberar
em luz confundida

O tempo que passa
é massa dormida

Morar   Desfrutar
à mesa servida

MERENDA III

Sal
destreza
sob a língua presa
Cristal
de pia batismal
onde o Verbo
balbucia

PELO CALÇADÃO

Sou inumerável
como uma arrancada de pombos

CÓDIGO

A caravana passa
Mas não fala

COLEÇÃO

Minha opinião
é a dele

Para Chico

POMAR

Manga rosa
Manga espada
   Carlotinha

                    Ah, angico-vermelho!

Resta o cajueiro
com os braços mutilados
e a castanha dos seus olhos

Un livre n'a jamais été pour moi
qu'une manière de vivre dans un
milieu quelconque. Voilà ce qui
explique mes hésitations, mes
angoisses et ma lenteur.[16]

....

16. [N. E.] Trad.: "Um livro para mim nunca foi/ mais que um modo de viver num/ ambiente qualquer. Eis o que/ explica as minhas hesitações, as/ minhas angústias e a minha lentidão".

ORFEU

Casa velha
  Goteira
    G
     L
      U
       C
        K

VÉSPER

Envelhecer
é sobrevoar o tempo

CARTÃO DE NATAL

Um Anjo exortou-me:
“Esqueça-te!”

VISLUMBRE

A flor pendida
A borboleta súplice

PRISMA

A razão é pontilhada
a loucura
                    salteada

GOIABEIRA

A pele
          impele

e
  repele

NO RISCADO DO TEMPO

O Vento trouxe
A Água leva

… deux de ces grandes coquilles roses
où l'on entend le bruit de la mer…[17]

17. [N. E.] Trad.: "… duas dessas grandes conchas róseas/ onde se ouve o barulho do mar…".

CHANEL

Sa main racine
 Saisi au vol[18]

....

18. [N. E.] Trad.: "Sua mão raiz/ Pego no voo".

CRIPTA

Na pessoa de uma Árvore,
                        ensombreci

A memória é o invólucro do Tempo

Estrídulo
o sol
se agacha
entre os junquilhos

PARADOXO

Tudo releve
        em nome do azul
Nem sempre é azul
        o que relevo

SOUS LE MASQUE[19]

Poesia
            corpo estranho
em meu olho castanho

....

19. [N. E.] Trad.: "Debaixo da máscara".

Je veux qu'il y ait une amertume à tout,
un éternel coup de sifflet au milieu de
nos triomphes, et que la désolation
même soit dans l'enthousiasme.[20]

....

20. [N. E.] Trad.: "Quero que haja uma amargura em tudo,/ um eterno assobio no meio dos/ nossos triunfos, e que a desolação/ mesma esteja no entusiasmo".

SONETOS DA RODA DA FORTUNA

São dias moribundos. São cascalhos.
O perfil de Selado contra o muro.
São olhos salientes. São calombos.
São obras do demônio. São restolhos.

São telhas, são tábuas, são tijolos.
(Mas não há Salvação, não há Retorno).
São cachos e mais cachos. São miolos.
Rosas brancas, brancas. São uvas roxas.

São paixões. São criações. São calafrios.
A ponta dos pés. A muda dos pássaros.
São pregos. São pragas. São atavios.

Somos nós entre os cipós. Somos nus.
São fossas, são fiapos, são ferrolhos.
São lagartixas mortas, ou são folhas?

RETRATO I

Voltar a ser aquela criatura
que por mim se deixou domesticar.
Ao cingir, certa vez, sua cintura
de tudo me privei, para mudar.

Se o tempo foi perdido, na moldura
ficou a sua sombra, a folhear
os dias que passaram sem ternura
como a casca de um fruto. Ao pintar

essas paredes cruas, porventura
me racharei em duas? Retocar
o contorno dos olhos, a textura

das mãos – para qual irei posar?
A Arte não é mais que essa mistura:
da forma (e criatura) a decifrar.

RETRATO II

Aquela moça dos sonetos frívolos
Dos mil espelhos e das cores frias,
Nas dobras de um quimono ela se furta
Ao Banquete das Musas. Quem a visse

(por vê-la, me traísse) não se dá
a conhecer. Ser é estar sem dono
No recinto fechado do abandono
Onde as palavras ficam por dizer.

Mas nada há de passar despercebido
Sob a égide do olhar e do ouvido:
O anel, o lápis-lazúli, um ruído.

A vida se esvai. Hoje, entre fantasmas,
Passeio em Rouen a minha alma
E o coração coloco ao pé da página.

ARABESCO

Meus dias nesta casa estão contados.
Fui longe de tão perto vim parar.
Assim quis a Fortuna e seus acólitos.
É hora de fluir. Desassombrar.

Nas paredes caiadas deixo a traça
(esse grain-de-beauté!) e a olaria
de túneis, catedrais – em cada inseto
vige o arquiteto, e a fantasia

é metamorfose, é moradia.
(O sapo-cururu veio avisar
que o tempo vai mudar). Toda uma elite

no terreiro se aglomera e espicaça
os roedores da praça. Me despeço
de um reino: Soberano Galinheiro.

Selado foi o meu Dado Momento.
Tinha espelhos nos olhos, prismas no
pelo. Morava entre meus dedos, e a
meia-luz. Tinha o brilho do Efêmero.

Promeneur Solitaire. À volta da casa.
Como um porteiro. Como uma placa.
Dei-lhe a minha alma. Dava-lhe beijos.
Seu desejo era um balão na noite.

Perdi meu Totem. O tacto. O olfato.
A aquarela que fiz de seu retrato.
Perdi a direção do meu olhar.

Suas cores eram branco e amarelo
(as cores que usei no amor materno)
– como num envelope põe-se o selo.

je recherche par-dessus toute la beauté... [21]

....

21. [N. E.] Trad.: "eu busco acima toda a beleza...". Aqui, MLA muda o texto original de Flaubert, no qual lemos: "je recherche par-dessus tout, la Beauté", que poderia ser traduzido como "eu busco, acima de tudo, a Beleza".

RACONTO

A paixão de Mimi era Selado.
(Meu quarto verde e rosa, de soalho
canela-murici). Às tardes, à
janela onde ficavam, ela vinha,

se deixava ficar... (A liberdade
que me confere de tatear no escuro).
Eu e Mimi nos deixávamos ficar:
– aquela cujo pelo era um retalho

da palheta de Vermeer. (Entre duas
cantoneiras a cama sobrepuja).
Se achega e se aconchega aos meus pés.

(Meu barco, meu tugúrio) – um biombo
filtra a claridade –; abre um rombo
na cavidade côncava da tarde.

POPOLÔPERO

De medo de perdê-lo eu o prendia
assim como fui presa entre gaiolas.
Ontem, ou amanhã, ou mesmo agora
seu nome a minha língua adormecia.

Ele queria a noite. O pulo. A trilha.
Eu, o calor dos pés entre os sabugos.
E fui ao seu encontro. E era aurora.
Seu rastro na poeira me seguia.

Ma seule étoile est morte. Minha casa
é como uma festa sem convivas: –
Le Soleil Noir entrando pela fresta

cresta o que restar das sempre-vivas.
E a sombra sobre a cômoda adversa
é a de hoje, de ontem, e de agora.[22]

22. [N. E.] Trad.: "Morreu minha única estrela", "O Sol Negro".

CONTRACENANDO COM OLAVO BILAC

Chamei a Alegria pelo nome.
(Esta velhice ingênua me intimida).
Ó Arte de viver! Forma de vida –
Que o sangue dilata, enleia e esplende!

Por que chorar? Quem ama não se vende
Às portas de um bazar, nessa corrida
Para querer o que não há na vida,
Para entender o que jamais se entende!

O passado? Abjuro. Gera o pomo
Pubo, o ovo goro. Finge o futuro.
Nas suas mãos as minhas palmas ponho.

Que o presente, afinal, é cortesia,
Embora traga, em seu olhar perjuro,
A tristeza do termo do meu dia.

DIGRESSÕES À MARGEM DE UMA TRADUÇÃO

para A. A. A.

A parte que me toca em sua vida
Pela palavra é que se traduz.
Aquela que, sem par, for preterida
Deixemo-la ficar à meia-luz.

A Volúpia é renda carcomida.
Luxo? "L'Écho du vide", de Dalí.
Ali tudo se alia, tudo induz
a uma Ordem secreta - mal te vi

a soletrar a índole das flores:
(mêlant leurs odeurs aux vagues senteurs
de l'ambre). Lá tudo é Calma e leveza.

A Beleza convida – suas cores
viennent du bout du monde[23] – vamos lá:
– onde houver rouxinol, há Sabiá?

....

23. [N. E.] Trad.: "O Eco do vazio", "misturando seus cheiros aos vagos aromas/ do âmbar", "vêm do fundo do mundo".

ALGURES

Uma porta se fecha, de repente.
Uma outra se abre, devagar.
Aquele que a transpunha está ausente.
Prescinde de bater para passar.

As palavras ficaram. São sementes.
Germinam pela Terra. Pelo Ar.
Algumas tem o silvo das serpentes,
o canto de sereia em alto-mar.

Mas são tantas... e tantas... Silenciar
não deve quem viveu incandescente
a delir, a primar, a delivrar!

A morte é como um vaso transparente.
O amor é como a dor: se faz lembrar.
O poeta? Quem dirá o que ele sente?

Ne sens-tu pas combien cette poésie est complète,
et que c’est la grande synthèse? Tous les appétits de
l’imagination et de la pensée y sont assouvis
à la fois; elle ne laisse rien derrière elle... [24]

24. [N. E.] Trad.: “Você não sente como essa poesia é completa,/ e que é a grande síntese? Todos os apetites da/ imaginação e do pensamento são ali satisfeitos/ de uma só vez; ela não deixa nada para trás...”.

Une âme se mesure à la dimension
de son désir[25]

25. [N. E.] Trad.: "Uma alma se mede pela dimensão/ do seu desejo".

SALA DE BRANCO

Vinte Variações

(2002)

Este livro inédito foi encontrado por Umberto Alvim, sobrinho de Maria Lúcia. Ele apresenta duas capas diferentes, feitas com colagens: uma com a imagem da Vênus de Willendorf (de cerca de 30 mil anos antes da nossa era), outra com a figura desenhada de uma mulher não identificada. Trata-se de uma obra em estado inacabado, embora apresente uma estrutura bem-definida. As folhas estavam soltas e fora de ordem, com esboços variados para a ordem do índice, papéis datilografados, cópias de outros livros e também anotações e textos manuscritos. Vários poemas aqui também constam em *Rabo do olho*, mas optamos por repeti-los, como que a respeitar a singularidade de cada um dos dois projetos inéditos. A responsabilidade por dar uma ordem mais ou menos próxima daquela sugerida pela própria poeta em 2010, quando parece ter ainda mexido no livro, é de Guilherme Gontijo Flores, tal como as notas que ajudam a situar o projeto dialógico da publicação com quinze autores e autoras diferentes.

ÍNDICE

1. Jean Marie Guyau **(1)**
2. Olavo Bilac **(3)**
3. Radiguet **(1)**
4. Teresa Balté **(1)**
5. Thomas Hardy **(1)**

6. Baudelaire **(2)**
7. Blake **(1)**
8. Clarice Lispector **(1)**
9. George Meredith **(1)**
10. Verlaine **(3)**

11. Virginia Woolf **(1)**
12. Mallarmé **(1)**
13. Da Costa e Silva **(1)**
14. Yves Bonnefoy **(1)**
15. Teresa de Áustria **(1)**

SALA DE BRANCO
– Vinte Variações –

Revivi nesta amostra vinte amigos que não conheci pessoalmente, mas com os quais convivo há sessenta anos.

Procurei adivinhá-los, compreendê-los: verti a gota d'água - me arvorei.

Se coube de minha parte alguma impertinência ao invadir esta *Sala de branco*, fui perdoada - pois estão todos à minha volta, bien à l'aise, e me sorriem com ternura.

M. L. A.

Vivenda Cinamomo
Fazenda do Pontal, 2002.

O que há de mais importante na literatura, sabe? É a aproximação, a comunhão que ela estabelece entre seres humanos, mesmo à distância, mesmo entre mortos e vivos. O tempo não conta para isso. Somos contemporâneos de Shakespeare e de Virgílio. Somos amigos pessoais deles.

Carlos Drummond de Andrade[1]

....

1. [N. E.] Entre as folhas do original, está escrito à mão este trecho de Drummond. Claramente, ele funciona como epígrafe do projeto como um todo, por isso optamos por posicioná-lo aqui.

MORTE DA CIGARRA[2]

Chanteuse des soleils
de Grèce
que a névoa, a fremir,
esmorece,
tu ressembles à ma
jeunesse:
Canta! Reluz, incan-
desce!

....

2. [N. E.] Diálogo com o poema "La mort de la cicale: deniers vers d'un philosophe" [A morte da cigarra: últimos versos de um filósofo], do filósofo e poeta francês Jean-Marie Guyau (1854-1888). Trad.: "Cantora dos sóis/ da Grécia/ (...) você parece a minha/ juventude (...)".

CONTRACENANDO COM OLAVO BILAC[3]

I

Última flor do Lácio, subterfúgio
para quem sabe amar e ouvir estrelas –
e por ouvi-las, e por entendê-las,
num hausto te devora, desmascara.

Amo-te como se ama a treva, o raio,
e tanto mais te amo, mais celebro
tuas riquezas, galas, teu breviário,
e tuas amazonas e rainhas.

Amo o teu viço agreste e teu aroma,
a cadência sensual de teus iambos,
o contínuo clangor de tua orbe.

E amo-te ainda mais quando me falas
através de meus versos – se me embalas,
no seio da Tarde –, eu que fui pobre.

....

3. [N. E.] Três poemas em diálogo explícito com a obra do jornalista e poeta parnasiano Olavo Bilac (1865-1918).

II[4]

Chamei a Alegria pelo nome.
(Esta velhice ingênua me intimida).
Ó Arte de viver! Forma de vida –
Que o sangue dilata, enleia e esplende!

Por que chorar? Quem ama não se vende
Às portas de um bazar, nessa corrida
Para querer o que não há na vida,
Para entender o que jamais se entende!

O passado? Abjuro. Gera o pomo
Pubo, o ovo goro. Finge o futuro.
Em suas mãos as minhas palmas deponho.

Que o presente, afinal, é cortesia,
Embora traga, em seu olhar latente,
A tristeza do termo do meu dia.

....

4. [N. E.] Em *Rabo do olho*, este segundo poema aparece sozinho sob o título "Contracenando com Olavo Bilac". É possível notar diferenças textuais nos versos 11 e 13.

III

Conheço meu coração, tapera escura,
Onde depus o véu, por ledo engano.
O tempo foi passando, e a certa altura
Já não sei qual dos dois é o mais insano.

Mas, pensei comigo, se porventura
Cruzar o azul do céu e o oceano,
Bendirei essa forma de loucura,
Esse poder de ser, tão sobre-humano.

Os nossos corações eram pequenos.
Um surdo rumor rola pelos ares.
Quedamos frios, nos umbrais das portas.

Mas a vida é um favor! Ergue ao menos
As asas deste amor em seus altares
Ressuscitado pelas horas mortas!

BERCEUSE[5]

....

5. [N. E.] Numa de suas notas esparsas para a organização do livro, MLA cruza os autores com títulos de poemas e nos informa que o prosador francês Raymond Radiguet (1903-1923) receberia um poema intitulado "Berceuse" [Acalanto], do qual não sobrou nenhum rastro.

MÓBILE[6]

ao encalço de Teresa Balté

A borboleta da mata é transparente, de olhos pagãos
Ondula
a pequena altura
                                        e alonga-se
a transpirar sobre a folha
Depois, banha-se.
Entre a pele rugosa das patas e a tensão do abdômen
corre o ar
                        a inalá-la.
Ganha o espaço: o tórax elétrico, as antenas clavadas
o pólen das asas cintilando em profusão de cores
até o vórtice do verde
                                                onde se apaga
Nas narinas, o orvalho

....

6. [N. E.] Poema em diálogo explícito com a obra da poeta e prosadora portuguesa Teresa Balté (1942-). Também aparece em *Rabo do olho*.

PÓRTICO[7]

Para meu primo
Paulo de Tarso

Olhos veem por mim, bocas dizem meu nome.
Viajo entre meus dedos, – pelo sim, pelo não.
Estive em Stonehenge, vi Tess D'Urberville:
"NE, SOMMEILLE, PAS", (disse ela), ó meu irmão!

Não purguei pecados, não contraí a Fome.
Se acaso me traí, sorri: – será traição
O olho pagão, o Amor como reclame
O aparato da dor? Valha-me, ó meu cão!

A hora é a mesma. Mesmo também o liame.
(Porém, não somos os mesmos!) Um turbilhão
Varreu as nossas sombras, diluiu o sangue.

Conto com todas as palavras, menos uma.
Não sei se é de fogo, vento, ou de água
Se na boca ela espuma: – "TU, NE, COMMETTRAS, PAS."

7. [N. E.] Poema em diálogo com o romance *Tess D'Urberville*, do romancista e poeta inglês Thomas Hardy (1840-1928). Os trechos em francês são retirados da tradução francesa dessa mesma obra, feita por Madeleine Rolland (1872-1960). Trad.: "NÃO, DORME", "VOCÊ, NÃO, COMETERÁ".

DIGRESSÕES À MARGEM DE UMA TRADUÇÃO[8]

para A. A. A.

A parte que me toca em sua vida
Pela palavra é que se traduz.
Aquela que, sem par, for preterida
Deixemo-la ficar à meia-luz.

A Volúpia é renda carcomida.
Luxo? "L'Écho du vide", de Dalí.
Ali tudo se alia, tudo induz
a uma Ordem secreta - mal te vi

a soletrar a índole das flores:
(mêlant leurs odeurs aux vagues senteurs
de l'ambre). Lá tudo é Calma e leveza.

A Beleza convida – suas cores
viennent du bout du monde – vamos lá:
– onde houver rouxinol, há Sabiá?

....

8. [N. E.] Diálogo com o poema "Invitation au voyage" [Convite à viagem], do poeta francês Charles Baudelaire (1821-1867). Também aparece em *Rabo do olho*. A dedicatória parece ser ao poeta e tradutor brasileiro Álvaro A. Antunes (1953-).

Ô ma Douleur![9]
(minha coadjuvante)
Ó Ambulante
irmã da noite

Fique tranquila
entre meus braços
(são teus pedaços)
donne-moi la main!

9. [N. E.] Diálogo com o poema "Recueillement" [Recolhimento], também de Baudelaire. Aparece em *Rabo do olho.*

THE SICK ROSE[10]

Destile teu mel
ó, venenosa!

Mande que a brisa
te faça manhosa

À noite, o inseto
de asa ruidosa

Ronda teu leito
de amor e morte.

....

10. [N. E.] Diálogo explícito com o poema homônimo – "A rosa doente" –, de William Blake (1757-1827). Não se trata de uma tradução.

Aprenda a encantar[11]
e a desencantar.

Há qualquer coisa abaixo
do meu pensamento,
qualquer coisa que me
estarrecia

mobilizando-me
para a eternidade.

....

11. [N. E.] Poema feito de colagens de trechos do conto "Obsessão", de Clarice Lispector (1920-1977). A única alteração frasal está no penúltimo verso, pois em Lispector lemos "imobilizando-me".

DIANE DE LA CROISÉE DES CHEMINS[12]

Pisa o ar
            desmesurada
quem por ali passa
faz as vezes da caça.
Pede clemência,
disfarça
o rastro de espuma.

Havia (ou não havia?)
uma clareira:
um Nome a impelia
inscrito na areia.

Sua fome era à prova de mordaça –
Um osso estremecia
sob a fumaça.

    Salta
            Fulge
repassa –
as patas entrecruzadas
a Floresta
            entrelaça.

....

12. [N. E.] Diálogo explícito com o romance homônimo – *Diana das encruzilhadas* –, do poeta e escritor inglês George Meredith (1828-1909).

PARDON, VERLAINE![13]
(Três versões)

a) Canção de Outono

b) Chove. Choro

c) Spleen

13. [N. E.] Estes três poemas, sob um título que poderíamos traduzir como "Perdão, Verlaine!", são de fato traduções livres e radicais de três poemas do poeta francês Paul Verlaine (1844-1896), respectivamente "Chanson d'automne", "Il pleure dans mon coeur" e "Spleen". A série também aparece por inteiro em *Rabo do olho*.

CANÇÃO DE OUTONO

Os violões do Outono
o coração sem dono
uma canção,
fazem lembrar
os dias passados
que os ventos malvados

varreram p'ro chão.
Se a hora agora
soa e magoa
meu coração
choro, deploro,
soluço em vão.

Pálida sombra
já me transporta!...
Ora revolta
Ora monótona
mais se parece
à folha morta.

Chove. Choro
a chuva que cai
do meu coração
ao limo do chão.

E esse langor
que todo me inunda,
o tédio das ruas,
repulsa e traição.

O doce barulho
por sobre os telhados.
Os olhos molhados
sem luto ou razão!

Pior do que tudo
não sei bem por quê,
sem o amor-rancor
meu coração se esvai de dor.

SPLEEN

As rosas eram vermelhas,
E negras, as trepadeiras.

Ao mover de teus artelhos
Querida, me desespero.

O azul do céu era tão terno.
O mar verde demais, o ar tão doce.

Sempre a temer – fosse o que fosse! –[14]
O teu poder de fera e fuga.

Nada me fala o azevinho,
O bucho, a folha brunida,

O campo sem fim – tudo me cansa
Fora de ti, ai de mim!

14. [N. E.] Atrás da folha deste poema, MLA marca uma variante para o verso 7 – em vez de "fosse essa espera!", "fosse o que fosse!" –, a qual optamos por incorporar a este livro.

ALÇAR[15]

....

15. [N. E.] Uma folha solta no meio dos papéis de *Sala de branco* contém apenas a palavra "Alçar", como se fosse o título de um poema a ser escrito ou transcrito. Podemos supor, pelo índice de MLA, que este seria o poema em diálogo com a escritora inglesa Virginia Woolf (1882-1941).

A MODA[16]

Numa coletânea em que se proponha estudar a Moda como arte, não bastaria de forma alguma exclamar: isto se usa; mas é preciso dizer: Eis a sua causa, e: nós o previamos! Nada de brusco e de imediato, no gosto: atrasada, não; antecipando é que eu estava! Vocês irão ver daqui a pouco.

Marguerite de Ponty,
pseudônimo do poeta Stéphane Mallarmé.
La Dernière Mode, Paris, 20 de dezembro de 1874.

....

16. [N. E.] Poema-tradução explícito da prosa do poeta francês Stéphane Mallarmé (1842-1898). Este mesmo texto já tinha sido usado por MLA no folheto de divulgação da exposição *Colagens*, em parceria com o primo Marco Paulo Alvim.

SAUDADE[17]

Distanciamento
assim como num rio
as águas correm, se distanciando...
Viagens que não fiz vinham no vento,
por entre as folhas, iam desfolhando...

Saudade! A prece. O pranto. O breve e o lento
perpassar pelo tempo, fecundando
a alma da terra. E em cada momento
o olhar vai se detendo, contemplando...

Ah! Mortalhas de névoa sobre a serra!...
E tudo nos integra, de improviso,
nessa fusão de cores, nos encerra.

O mugido dos bois! O impreciso
aflorar da razão, do sentimento –
Saudade! Asa de dor do pensamento!

17. [N. E.] Diálogo explícito com o soneto homônimo do poeta Antônio Francisco da Costa e Silva (1885-1950).

VRAI NOM[18]

Ce destin éclairant dans la terre du verbe

s'est accompli

Je viens

18. [N. E.] Composição de quatro colagens dos poemas "Vrai nom" [Nome verdadeiro] e "Vrai corps" [Corpo verdadeiro], do poeta e ensaísta francês Yves Bonnefoy (1923-2016). Em *Rabo do olho*, a mesma série aparece com o título "Poema-colagem extraído de um poema de Yves Bonnefoy".

j'aurai

Dans mes mains ton visage

Je suis

Je détruis ton désir
ta forme, ta mémoire,

si grand soit le froid qui monte de ton être

éternellement

enseveli

em meu peito o país que acende a tempestade

je tiens Douve morte

Coisas de Áustria[19]

Arquiduquesa
Maria Thereza
em seu leito de morte

– "Êtes-vous à l'aise?"
pergunta-lhe o filho
(en la voyant souffrir)

E ela responde:
– "Suffisement pour mourir."

19. [N. E.] Poema sobre os últimos momentos de vida da duquesa, arquiduquesa e posteriormente imperatriz do Sacro Império Romano-Germânico Maria Teresa da Áustria (1717-1780). Também aparece em *Rabo do olho*.

Toda a minha obra
poética é dedicada
a José de Souza
Pavão,
tecelão do meu Destino.

Maria Lúcia Alvim
Volta Grande, 8 de junho de 2010[20]

20. [N. E.] Este texto, escrito à mão, está numa folha solta. Sem saber ao certo se ele deveria vir na abertura ou no encerramento de *Sala de branco*, entendemos que ele funciona melhor como uma espécie de assinatura e colofão do livro e da obra em geral de Maria Lúcia Alvim. A Pavão também foi dedicado *Batendo pasto*, pois com ele MLA viveu anos de sua vida, no companheirismo amoroso.

POEMAS ESPARSOS

Aqui se reúnem duas obras que ficaram de fora da reunião de *Vivenda* e, portanto, não estavam mais disponíveis em livro: a série "Três poemas para Ângela" foi originalmente publicada em *Pose* e retirada ao compilar-se *Vivenda*; já "Poema único" foi publicado no catálogo *Retratos e colagens*, publicado pela Petite Galerie em 1980, que conta com um texto de apresentação de Darcy Ribeiro para as colagens e pinturas de Maria Lúcia Alvim. É um poema inteiramente feito com colagens de poemas de Ferreira Gullar, dos quais pude confirmar trechos de "Um homem ri", "A poesia", "Vida", "Carta do morto pobre", "Trabalho de nuvens", "A casa", "Um abutre no ar violento do quarto", "A vida bate", "A avenida", "Réquiem para Gullar", "Roçzeiral", "Dentro da noite veloz", "Ao nível do fogo", "O mar intacto", " O inferno", "P.M.S.L.", "Os da terra", "Neste leito de ausência", "Agosto 1964" e "A galinha".

TRÊS POEMAS PARA ÂNGELA

... Voilà ce qui s'appelle Destin: être en face et rien que cela et toujours en face.
[... Eis o que se chama Destino: estar de frente e nada mais e sempre de frente.]
Rilke

I. DA PASSAGEIRA

Eram três Caminhos
em ti resumidos - embora outros
caminhantes, separadamente,
os tivessem percorrido.

– A primeira passageira viera de
Ávila, e escolhera
aquele que, um dia, a levaria
à Perfeição;
– Simone Weil, esta preferira
primeiro transpor os
altos muros
para depois caminhar
com pés obstinados;
– e o solitário
arcanjo de Duíno
semeava
o verso flamante
frente ao Destino.

Assim, quando chegaste
aspiraste
com fôlego eterno:
                    – o filtro da mártir
                    – a alegria da operária
                    – o hálito do poeta
que aos trinta e três
pronta e liberta,
num brusco rompante
a morte
        brutal
viria buscar-te.

II. DO AMOR TOTAL

1. Foste a primeira
de cinco irmãos –
Prima e Eleita
em primo amor.

Para tanger-te
anjos declinam
que de permeio
certo violino

prenunciasse
a escolha feita
no ardor contido
do coração –

logo apreendida
no ar, nas pausas,
– assimilada
de um só impulso.

Fértil certeza
trazida à tona
do imponderável:
ser e paixão.

2. Existirá
maior mistério
que o de gerar
um ser inteiro?

Soprar na boca
levá-lo ao colo
abrir-lhe os olhos
adormecê-lo

não é estranho
tamanho zelo
para depois
perdê-lo em meio?

– Foste a primeira
de cinco irmãos:
Prima e Eleita
de um primo amor.

III. DA ROSA MÍSTICA

Voz e delírio
seco temor -
súbito aponta
iluminada
a própria fronte:
Verbo e Sinal

– Seja para o Bem
– Seja para o Mal

Olhos e dedos
fulcros joelhos
crista dos ombros
tensos cabelos
tornam à fonte
original:

– Seja para o Bem
– Seja para o Mal

No ato de ver-se
tão despojada
frui em silêncio
a alma pesada
(leve de culpa,
clara, real)

– Seja para o Bem
– Seja para o Mal

Rosa e Poema
selam o Enigma –
dura sentença

fiel martírio
ambos cumprindo
Ordem fatal:

– Seja para o Bem
– Seja para o Mal

In Memoriam

Mercêdes Guiomar

Esther

Anaïs Nin

Guimarães Rosa

Van Gogh

Manet

Berthe Morisot

Baudelaire

Freud

Kafka

Georges Sand

Emily

Virginia Woolf

Edgard

Proust

Allan

Thomas Mann

Chopin

Poë

Castro Alves

Noel

Álbum:

The Brontë

POEMA ÚNICO

Maria Lúcia
feito uma menina
recostada no divã da sala
conspiração de azuis
e vermelhos pulsando
como vaginas frutos bocas
vegetais

por onde o espaço como um pássaro
fugia

Aqui se inicia
uma viagem
para a encantação

Caminhas no passado e no presente.
Não sabes já
se lembras, se descobres.

As minhas palavras esperam no subsolo do dia;
queimo-as aqui;
eu mesmo juntarei a estrela ou a pedra

EU, NÃO OUTRO, E MINHA LINGUAGEM É A REPRESEN-
TAÇÃO

DUMA DISCÓRDIA

feito uma flor carnívora se esforça na beleza da corola

Poesia – deter a vida com palavras?
Po -
esia - falar
o dia

abri-lo como carne em cada sílaba, de-
flagrá-lo
em ajas brulhos zules bulha zalas
e foge!

O homem lançava o riso como o polvo lança a sua tinta
e foge

Cientistas esquartejam Baudelaire.
Exegetas desmontam a máquina da linguagem.
A poesia ri

ABAIX
Ó Tlalhuicole
Gold and Platinum
é a língua do homem
sob a noite
Hemos comido grama salitrosa
é a língua do dia
no azinhavre
y era nuestra herencia una red de agujeros

Chego e os gerânios pendentes fulguram. As
cousas que estão de bruços voltam para mim o seu rosto
o que somos é escuro, fechado, e está sempre de borco
o que somos não nos ama: quer apenas morrer ferozmente!

É preciso voltar à natureza.
Copo de flores porcos ao sol ortografia
Bichinhos delicados, o focinho da moça roçando a grama a treva do
dia o calor
As árvores, os troncos, a casca
as raízes fendem
o chão seco

vento é uma planta da terra, começa a meu lado

A lama, a sua cintilação. Os capins explodidos.

O homem de pé. O homem sentado. O homem de costas.

a nossa vida, os nossos móveis,
a cadeira de embalo, a mesa de jantar,
o guarda-roupa
o violino sonhado, as nuvens, a espuma
unha, cabelo, dente

A VIDA BATE

o girassol
no saguão clamando contra o muro
sonhos, amores, meus
poemas de ferro

Alegria limpa
Ó claro contorno elaborado sem descanso
Simultaneidade!

AO NÍVEL DO FOGO
falo
e por muitos incêndios ao meu redor

Sim, é no disfarçar que nos banalizamos porque, ao
brilhar, todas as cousas são iguais – aniquiladas.
Ouçam: a
arte é uma traição. Artistas, ah os artistas!
Animaizinhos viciados, vermes dos resíduos,
caprichosos e pueris

Beleza oh puta pura
o que te ofereço? o auriverde pendão da minha terra?
Beleza o que desejas?

revela o seu túrbido presente, sua
carnadura de pânico
a repentina boca distraída

mostre o corpo esmerilado do tempo

até que o dia irrompa
com seu bastão de turquesa

Não conte casos, a senhora está velha

os olhos rodeados e infinitas pálpebras e melancolias

Velha, a solidão da palavra, a solidão do objeto

vertigem cona

O silêncio é terra. Não finja, não brinque com crianças.

Não saia. Sente-se

A cadeira não é tão seca
e lúcida, como
o coração

Um abutre no ar violento do quarto
árvores acesas numa trepidação de céus velozes

Saber-se
fonte única de si
alucina

Onde está
a poesia?
indaga-se por toda parte

Aqui está
num papel
aqui está
no papel que (se quisermos) podemos rasgar

nas paredes de louça
nos espelhos nas
tardes tardas
Meu poema não tem passado nem futuro
Não sabe a fel nem sabe a mel:
é de papel

Serei cantor
serei poeta?

Serei pederasta e homicida?
serei viciado?

quem fala?
naquela
noite menor sob os pés da família
naquele
território sem flor

quem fala?
quem falou falou? quem falará?
Fala talvez
ali
E ninguém mais?
as poucas
festas de aniversário
não falam?
é
como se falássemos há séculos é como
se ainda fôssemos falar
língua
serpe de sal
jardim seco arquivado boca sem carne beijo de todos

jardineiro mar relógio peixe-sabão tijolo
dominical sexo ardendo entre as goiabas banho
na chuva flores Shirley Temple
tesoura

LUTEI PARA TE LIBERTAR
eu – LÍNGUA

o sexo aceso como uma lâmpada
no clarão diurno sezo acexo nos
fumos-de-erva-temple

SEJAS TU GRAMÁTICA
OU GUERRA
CAMPOS DO JOGO, SEVERA CABALÍSTICA

um ramo florido feito um relâmpago

MON FRÈRE MA FRÊLE –

estamos na América Latina
Mas a vida onde está?
Nas tavernas?
ou na ingrata
faina do poema?

Sob o fulgor das estrelas
que nada sabem do sonho
a paisagem
(que se move)
está imóvel, se move
dentro de si

sur ma parole

Demorará muito ainda, até que a vida
se enfureça e se organize em
máquinas autônomas

que

se inicie a devoração

Na página amarelecida
tudo que aqui sopra é verbo
o amor a timidez a injustiça social
o agrado da morte, sorridente

Flore um lado de mim?

escorpião de que o mover-se é brilhos
debaixo do pó

Não se ama no amor
senão
o seu próximo findar
fotografia

rosto no ar do mundo, no vácuo conciso

gira gira

(será esplendente? duma dura luz?)

São pessoas que passam
e estão cheias de vozes
e ruínas. E passamos
carregados de flores sufocadas

PARA ALÉM DUM FECHADO GESTO DE AR ARDENTE

relógio de lilases
rosto na relva despedindo-se
descendo a rampa
adeus corpo-fátuo

ficções da juventude, adeus

as valsas
que banalizam a morte
a lente o estojo de ebonite

hemoptise

arr! destroça as cores em que se apoia o verão!

PALAVRA STÉRCÃ
DEOSES SOLERTES PA-
LAVRA ADZENDA PA-
LAVRA POÉNZO PA-
LARVA NÚ-
MERO FÓSSEIL
LE SOLÉLIE PÓe
ÉL FOSSIL PERFUME
LUMEM LUNNENI
LUZZENM

LA PACIÊNCIA TRA-
VALHA
LUZNEM
morta
flutua no chão

Evola-se do olho seco
o sono. Ela dorme.

Onde? Onde?

EM MEU PEITO O PAÍS QUE ACENDE A TEMPESTADE: um breve itinerário de mistérios de Maria Lúcia Alvim

Guilherme Gontijo Flores

Candiar é questão de afinamento.
Maria Lúcia Alvim

Comecemos este minúsculo perfil com o que eu tinha quando, em 2019, conheci a obra de Maria Lúcia Alvim, por meio da edição de *Vivenda (1959-1989)*, publicada em 1989 na prestigiosa coleção Claro Enigma, da Livraria Duas Cidades, sob a curadoria de Augusto Massi. No canto inferior da orelha direita do livro, em modestas seis linhas em itálico, era possível ler sua biografia:

> Maria Lúcia Alvim nasceu a 24 de outubro de 1932, na cidade mineira de Araxá. Autodidata, abandonou a escola para se dedicar exclusivamente à poesia e à pintura. Realizou duas exposições de artes plásticas e publicou cinco livros de poesia. Atualmente divide seu tempo entre a cidade do Rio de Janeiro e uma fazenda no interior do Estado.

Sim, filha de Fausto Figueira Soares Alvim (1899-1992) e de Mercêdes Guiomar Ribeiro Martins da Costa Cruz Alvim (1900-1977), Maria Lúcia Martins da Costa Cruz Alvim nasceu em 24 de outubro de 1932, em Araxá, Minas Gerais; nasceu nessa assombrosa família de poetas, a começar pela irmã primogênita, Maria Ângela da Costa Cruz Alvim (janeiro de 1926-1959), e pelo irmão Francisco Soares Alvim Netto, *aliás*, Chico Alvim (1938-), mas também com contribuições esporádicas de Maurício da Costa Cruz Alvim (novembro de 1926-2009) e do caçula, Fausto Alvim Júnior (1941-1986). Alguma coisa acontece nas águas de Araxá.

Já na antologia *A tinta das letras II: 28 escritores nas artes plásticas*, publicada pela Editora Casa de Rui Barbosa um anos antes, em 1988, lemos uma biografia ainda mais sumária:

> Nasceu em Barreiro, Araxá, Minas Gerais, em 1932.
> Autodidata. Poeta e artista plástica.

Temos ali uma especificação discreta, o bairro de Barreiro, situado a 5 quilômetros da região central de Araxá e onde também fica a célebre Fonte de Dona Beja. E, mais importante, a confirmação de uma obsessão repetida na expressão de si mesma: "autodidata", entre a poesia e as artes plásticas. O rastro das informações objetivas, escritas e públicas meio que termina aí, porque nenhum de seus próprios livros nos dá mais informações sobre sua trajetória de vida.

O que esboço de agora em diante é, portanto, o que consegui depreender de conversas generosas e algumas informações por escrito que obtive com seu sobrinho, Umberto Alvim, e também de diálogos com amigos de longa ou breve data de Maria Lúcia, como Thereza Montenegro, Álvaro A. Antunes, Paulo Henriques Britto, Augusto Massi, Maria Lucia Verdi, Edimilson de Almeida Pereira, Prisca Agustoni etc. Cada um me deu pedaços de um quebra-cabeça que nunca há de terminar e que monto como posso, precariamente, para tentar dar um primeiro retrato um pouco mais coeso da sua vida e obra, mesmo que conciso.

•

Por exemplo, creio que cabe transcrever um trecho do bonito e-mail que recebi dos amigos da poeta Carlos Torres Moura e Marilene Barino, material que ajuda a pintar um rastro da cena geral:

> Noves fora a poesia genial, Lúcia era uma pessoa e tanto, com uma rica biografia. Generosa e muito bem-humorada, sob aquela doce esquisitice natural, veio de uma família que a fez conviver com gente de todos os tipos da vida brasileira. Muitas por causa do pai, Fausto, político mineiro nascido em Angustura, distrito de Além Paraíba, que foi íntimo do Getúlio Vargas (foi nomeado prefeito de Araxá e lá permaneceu por dez anos, onde Lúcia nasceu) e do Monteiro Lobato, entre outros. No acervo dele havia cartas do Lobato tratando da sua fobia pelo "petróleo é nosso".
>
> Fausto tornou-se escultor em madeira na velhice, quando pendurara as chuteiras. As esculturas estavam sob custódia dela [Maria Lúcia], e não sei que rumo tomaram. Eram parentes longínquos de Maria Amélia Alvim, mãe do Chico Buarque. Lúcia namorou o cineasta Joaquim Pedro de Andrade, da família Mello Franco, cuja irmã, Clara, é casada com seu irmão, o poeta Chico Alvim. Filhos de Rodrigo Mello Franco de Andrade, que criou o IPHAN. Foi amiga íntima de Vivi Nabuco e trabalhou algum

tempo na Petite Galerie, no Rio. Uma de suas amigas mais queridas, sobre quem ela sempre falava, era a poeta Lélia Coelho Frota, mãe do João Emanuel Carneiro, o autor da novela *Avenida Brasil* e de outras.

Entre tantas curiosidades, em nossos constantes contatos, Lúcia, que não era de falar mal de seus pares, tinha uma certa birra com a Orides Fontela, que andou na moda nos 80/90. Achava que Orides não tinha tutano para ganhar o prêmio Jabuti e o da Associação Paulista dos Críticos de Arte.

Não era inveja nem nada, era uma percepção, uma característica de seu profundo senso de observação. Mal sabia que ela própria viria a receber o mais importante dos dois, *post mortem*. Amava Drummond e me presenteou no aniversário com uma edição dos *Contos Plausíveis*, na qual colocou uma colagem/dedicatória. Sabia que eu ia me deslumbrar com a prosa poética do xará, relido há poucos dias e ainda de uma inventiva beleza, em seu realismo mágico, onírico. (...)

Enfim, eu iria aos píncaros dos himalaias verbais se continuasse a falar da imensidão da Lúcia.

Daqui eu já preencho que Maria Lúcia Alvim foi criada nesse ambiente efervescente de cultura literária, plástica, dialógica, política etc. propiciado pela tradicional casa dos Alvim, sediada em Araxá desde o comecinho dos anos 1930, ainda em ambiente mineiro. Umberto Alvim me informou que ela estudou um tempo em Belo Horizonte, no Colégio Sacré-Coeur de Jésus, e que, quando ainda era bem jovem, em 1938, a família se mudou pela primeira vez para a então capital do país, Rio de Janeiro. Em algum momento dos anos 1950 a família retornou a Minas Gerais, por causa da vida política do pai, Fausto Alvim. Não sei quando aquela Lucinha (como é chamada pelos íntimos) deixou o estudo formal de fato para se tornar autodidata. Augusto Massi me contou que ela teria começado a pintar aos 14 anos, a escrever aos 19 e a fazer colagens aos 33, num movimento de ampliação do gesto que me parece fundamental para tentar compreender a obra como um todo e o seu crescente autodidatismo. Umberto, numa conversa informal no Rio de Janeiro, apresentou fotos de Maria Lúcia jovem, nos tempos finais da morada mineira e começos da vida carioca: ali ela aparecia ao lado de um namorado mais velho, o artista plástico francês Jean Guillaume. Segundo entendo pelas minúsculas biografias e por algumas conversas cruzadas, depois de um tempo desse fervo de encontros, forçando um tanto as possibilidades das regras familiares, a jovem poeta teria se mudado para um apartamento no Rio de Janeiro, numa rua do Leme próximo à praia. Thereza Montenegro, amiga de Maria Lúcia desde os anos 1960, me falou mais de uma vez sobre a obsessão da poeta em estar próxima das águas, sejam as do mar, no Rio, sejam as dos rios, no interior.

•

Foi morando na então capital do Brasil que ela começou sua trajetória poética de fato. Seu primeiro livro, *XX sonetos*, recebeu o primeiro prêmio no V Concurso de Poesia de *A Gazeta*, em 1958, e foi publicado no ano seguinte com capa de Jean Guillaume, gravura de Mário Carneiro e desenho de Enrico Bianco, pela Seção de Obras da Fundação Cásper Líbero, em São Paulo, no mesmo ano em que sua irmã mais velha, a poeta Maria Ângela Alvim, se suicidou, no Rio de Janeiro. Difícil não considerar o peso do acontecimento ao vermos que sua estreia em livro vai dedicada precisamente à irmã, bem como o soneto XVII.

> (...)
> se viver não te basta nem situa
> a forma de teu mundo inexistente
> fizeste mais alheia a espera tua
> neste andar pela vida descontente;
> perduras incontida e insinuas
> a vontade de ser em ti presente.

Ao mesmo tempo, é quase impossível mensurar como isso vai se desdobrar nos próximos anos, mas mencionarei ao menos um detalhe. O estilo da poesia de sua estreia vai muito na esteira formal daquele de Maria Ângela, em diálogos com poetas lusitanos de tempos diversos, como Sá de Miranda e Sá-Carneiro. É uma estreia fina, mas em claro descompasso com os estilos que viriam a dominar a cena da poesia brasileira nas próximas décadas. E eu diria que esse descompasso mensurado é mesmo a marca da sua poesia.

Seu livro seguinte em ordem de escrita, *Coração incólume*, recebeu a menção honrosa no concurso de poesia do Instituto Nacional do Mate, em 1965, e foi publicado pela Editora Leitura, do Rio de Janeiro, em 1968, com capa do primo e amigo íntimo Marco Paulo Alvim (1940-1990), artista plástico. *Pose* saiu no mesmíssimo ano pela mesma casa, com uma vinheta feita originalmente pela irmã falecida, Maria Ângela, e também com capa de Marco Paulo, o que parece ser sinal de como estreitaram laços estéticos. Esses dois livros marcam, sequencialmente, o afastamento de uma poética tradicionalista para o começo de uma experimentação por dentro das formas e dos afetos: se *Coração incólume* ainda está repleto de sonetos, seu linguajar é todo outro, mais revoluto e autoirônico. Um dos "Sonetos ornamentais" começa assim:

> Ando tão fútil, nada meu se vê
> ondular em cadência imperativa;
> brocados e camurças possessivas
> e saias cultivadas à Paul Klee
>
> conspiram fugas, nada meu se crê.
> (...)

Já *Pose* apresentará um ponto altíssimo da sua escrita, o poema "A incisiva postura", que abre com os versos:

> Eis-me de pronto
> cerrada
> em minha própria moldura –
> suma adesão,
> abertura
> de mim para mim,
> encontro
> em brancas paredes,
> abandono – antes
> fuga, hoje
> confronto.
> (...)

Nesse período carioca, Maria Lúcia Alvim também trabalhou na Petite Galerie, em Ipanema. Não sei precisar quanto tempo esteve nesse universo de artes, mas isso certamente deve ter tido influência no seu trabalho como pintora e colagista. Em 1978, ela fez a mostra *Colagens*, em parceria com Marco Paulo, da qual pude conferir o folder com o texto de "A moda", extraído de Mallarmé; isso se deu na Galeria Divulgação e Pesquisa. Em 1980, esse trabalho viria a ter seu ápice com a exposição *Retratos e colagens*, feita na Petite Galerie, que veio a se tornar um pequeno livro homônimo de ínfima circulação hoje: ali estão alguns poucos retratos pintados a pastel e sépia, duas colagens e um poema-colagem a partir de Ferreira Gullar, intitulado "Poema único".

Escrito entre 1965 e 1975, e dedicado aos pais e ao marido na época, Carlo Cannone (1930-1996, pintor que assinava como Carolus), seu quarto livro, *Romanceiro de Dona Beja*, foi publicado numa coedição da Editora Fontana e do Instituto Nacional do Livro, no Rio de Janeiro, em 1979, com capa feita de colagem da própria Maria Lúcia Alvim, além de desenhos do escultor José Pedrosa e de um poema de Sylvio da Cunha. É uma obra de fôlego, baseada em trabalhos de historiografia e ficção em torno de Dona Beja (1800-1873), que viveu por anos em Araxá. A poeta apostava no contrapelo do gênero romanceiro, buscando uma espécie de narratividade de grandes voos subjetivos e imagéticos. O livro está repleto de poemas que sobrevivem fora de seu contexto original, como "Lúcida rendição" e "Rondó da desilusão", entre vários outros. Vejamos um curto, como "Do mal pelo mal":

> O molejo da alma se forja na bruma.
> Entre duas estrelas finco meus pés.
> Direi ao mata-burro: mata, ó ceifeiro, tenho a primazia
> dos párias,
> ao chão pedirei: quero ser um dos teus.
> - Foi de dura que bati com os olhos.

No ano seguinte, em 1980, também com colagem na capa de sua autoria, sai em publicação da Editora Clarim *A rosa malvada*. Aqui temos um pouco de tudo: sonetos perfeitos, versos livres para o riso frouxo, mergulhos líricos etc. A série "Tapa de luva - Poemas de meu irmão" apresenta um conjunto de pastiches divertidíssimos da obra de Chico Alvim. Vejam esta pérola:

> **Bonequinha**
>
> Não quer?
> Mas tem que querer

Foi a última obra publicada em muito tempo; porque a edição da poesia reunida em *Vivenda (1959-1989)* não trazia nenhum poema novo. Pelo contrário, naquele momento Maria Lúcia Alvim resolveu tirar exatamente a série de três poemas dedicados à irmã Maria Ângela, que originalmente encerravam o livro *Pose*. O editor Augusto Massi me contou que se lembra de ter sido contra essa retirada, mas teve de respeitar a vontade da autora. O que a moveu a retirar esses três poemas tão fortes, tão afetivos e ao mesmo tempo bem-realizados, provavelmente, permanecerá um mistério. Sem dúvida, a admiração pela irmã mais velha não arrefeceu, pois morando em Volta Grande foi ela quem conseguiu dar forma a publicações da poesia de Maria Ângela em Portugal e na França.

•

Fato é que Maria Lúcia Alvim não parece ter publicado nada de 1980 em diante. Quando saiu *Vivenda*, em 1989, ela já tinha se mudado do Rio de Janeiro para a Fazenda do Pontal, nos arredores de Volta Grande, em Minas Gerais; segundo Thereza Montenegro, a mudança não levou praticamente nada dos seus pertences do apartamento carioca, que ficava na esquina da avenida Atlântica com a rua Bolívar. Ali no Pontal, numa casa simples sem energia elétrica nem água encanada, ela viveu alguns anos com José de Souza Pavão, o Zé Pavão, um antigo empregado da família Alvim. Chico Alvim me contou o seguinte, por e-mail:

> Em 1950, meu avô Francisco, fazendeiro na Zona da Mata mineira, dividiu entre os filhos a Fazenda do Pombal, de sua propriedade. A parte que coube a meu tio Paulo, pai de Marco Paulo, deu origem à Fazenda do Pontal, nas proximidades de cuja sede provisória – acoplada a um engenho de serra (sede que acabou por tornar-se definitiva do momento que o engenho de serra parou) – havia uma casa de colono. É nela que Lucinha vai morar e viver por mais de quarenta anos, desde sua chegada ao Pontal, na virada dos anos setenta para os oitenta, até sua partida da fazenda, em dois mil e nove, dois mil e dez. Mais tarde, Marco Paulo vende a fazenda, mas a situação de Lucinha não se altera, pois ela obtém do novo proprietário o direito, por ato lavrado em cartório, de habitar a casa enquanto ali viver ou até se mudar por vontade própria.

Ainda segundo Montenegro, o casal, enquanto vivia no Pontal, ia ao Rio com regularidade, ficando num hotel na ponta do Leme, e gostava de caminhar junto à praia. Um breve relato de Álvaro A. Antunes, também por e-mail, clareia um pouco desse período:

> Zé Pavão criava poemas (ou simples frases, ditos, máximas etc.) e os declamava/passava pra ela; ela os transcrevia. Ela gostava muito dele e das coisas que ele criava. Não sei quanto os terá editado ao transcrevê-los, mas meu instinto me diz que ela não interviria muito: não era do feitio dela e ela gostava demais dele, acho que temeria desrespeitá-lo. (Acho também que ela sabia e se lembraria do bem-intencionado mal que as pessoas próximas fizeram aos poemas de Emily Dickinson.)

Chico Alvim me deu por escrito ainda outras informações mais completas sobre Zé Pavão:

> *José de Souza Pavão* é filho de José de S. Pavão e de Alzira Raimunda Conceição de Souza Pavão.
>
> Ela nascida em Fortaleza (Ceará), filha de pai africano e de mãe cearense.
>
> Ele nascido na Ilha dos Espinhos, Portugal, filho de pai ilhéu e de mãe portuguesa.
>
> *José Pavão* nasceu a 5 de abril de 1916, em Limoeiro, povoado situado dentro do município de Além Paraíba, na Zona da Mata mineira, lá ficando até os quatro anos de idade.
>
> A família transferiu-se a seguir para a Fazenda da Babilônia, também naquela região, de propriedade de José Cortes, e em 1927 para a Fazenda do Pombal, em Volta Grande (MG), do coronel Francisco Soares Alvim, onde faleceu seu pai e onde José Pavão se casou com Santina da Costa Falcão. O casal teve onze filhos.
>
> *José Pavão* é viúvo e carpinteiro (*carapina*) de profissão. Morou (e trabalhou) na Fazenda do Pombal de 1927 a 1950. A partir de 1950 transferiu-se para a Fazenda do Pontal, de Paulo Figueira Alvim, onde permaneceu até 1974. Após aquele ano, e até 1981, trabalhou na Fazenda da Glória, de propriedade de Francisco Figueira Alvim.
>
> Seu mestre foi Francisco Morais de Oliveira (*Chico Carapina*), que, como o seu pai, também nasceu em Portugal.

Trabalhou no engenho de serra (vertical) da Fazenda do Pombal e na serraria da Fazenda do Pontal, com máquinas Greaves e Solingen.

Analfabeto, aposentou-se aos 65 anos, na Fazenda da Glória, nunca tendo exercido outra profissão ou trabalhado com outra família.

Thereza Montenegro me disse que a poeta chegou a publicar num jornal (que ainda não encontrei) e também em livro alguns textos de Zé Pavão. E isso pede uma longa digressão em torno do diálogo poético do casal. Em *Vivenda*, Maria Lúcia Alvim anuncia como inédito um certo livro chamado *Vira-Folha*, assim descrito: "poemas de autoria de Zé Pavão, organização de Maria Lúcia Alvim". Graças à generosidade de Umberto Alvim, eu pude conferir fotos do volume artesanal, datado de 1981 na Fazenda do Pontal, e ler a seguinte nota explicativa, datilografada:

> Estes poemas me foram ditados pelo poeta ínsito José Pavão. Procurei reproduzir fielmente o seu discurso, contribuindo apenas na montagem e em alguns títulos, não sendo proposital o fio romanesco subjacente: suponho ser uma especificidade do lirismo popular esta altíssima abrangência dos sentimentos, que vêm fluindo como um rio. Em alguns momentos, o pensamento elíptico e conceitual, assim como sua sintaxe escorreita, me parecem fruto de atilado ouvido que se depurou no convívio com a linguagem erudita. Daí sua extrema originalidade, bem como uma certa estranheza diante de seu violento misticismo. Para mim, eis a pura poesia.
>
> M. L. A.

Umberto também me deu a oportunidade de ler uma versão posterior e mais ampla do livro, com direito a uma orelha escrita por Chico Alvim, que parece datar de 2016 (sinal de que Maria Lúcia vinha ainda se dedicando a dar forma à obra). Nessa nova versão, o livro parece ter se chamado *Amarra cachorro*, e nessa orelha, Chico Alvim parece ir direto ao ponto complexo da obra:

> São poemas próximos do canto, de um canto que está no mundo e que ressoa no fraseado da fala de Zé Pavão, de onde foram colhidos pela escuta ultrassensível de um outro poeta, sua companheira, Maria Lúcia Alvim, minha irmã, que os recolheu e compôs o livro.

Um processo de criação possivelmente muito antigo, que talvez tenha a ver com a oralidade das origens mesmas da poesia. Em que o mundo, a linguagem e o homem caminhavam juntos, se abraçavam. Num patrimônio comum, de todos.

São então poemas de Zé Pavão, mas que existem por causa dessa coleta do ouvido ultrassensível de Maria Lúcia. São fruto de uma oralidade transplantada à sutileza da escrita, uma espécie de patrimônio verdadeiramente partilhado, em que o sentido da linguagem como poesia é o próprio filtro da poeticidade de Maria Lúcia Alvim. Digo isso porque a obra por vir da poeta dialogará continuamente com o que ela viveu ao lado de Zé Pavão, como um ato de colagem, montagem, diálogo, desdobramento. Para que isso fique claro, citarei alguns dos textos do livro *Engana cachorro* (título aparentemente definitivo), que tenho em mãos graças, mais uma vez, a Umberto Alvim (marco com negrito os títulos e com itálicos o que, no original, se apresenta como uma variação de cor entre os versos):

Mão Francesa
Ela varreu meu rastro
Pra você me encontrar.

*

Quem erra um viado.
Erra um carro de
palha e feijão.

*

Ninho Choco Piolho
É a russara da vida.
É a resma da morte.

*

Minha enchó é criada

Não rouba

*

Confunda mas

não misture.

*

Nuança

Ave filisteus
tem que andar de havaianas
e camafeus.

*

Campo aberto
Coração abranda

Difícil portanto decidir se *Engana cachorro* deve hoje ser publicado como obra exclusiva de Zé Pavão ou como uma espécie de simbiose muito singular de dois poetas.

•

É desse mesmo período que podemos datar a escrita de outro livro que já aparecia como inédito em *Vivenda*. O exemplar artesanal de *Batendo pasto* está datado de 1982, também na Fazenda do Pontal; é aquele que anos depois ela mostraria com colagens a Paulo Henriques Britto (ela preparou ao menos mais um, apresentado a Antunes). Mas eu me pergunto aqui: por que não quis inserir *Batendo pasto* inteiro em *Vivenda*? Ninguém soube me responder. Britto, por e-mail, me deu um pouco mais de detalhes sobre como teve acesso ao exemplar:

> De fato, ela parece ter escrito o livro em torno de 1982, mas eu só a conheci pessoalmente por ocasião do lançamento de *Vivenda*. Não muito tempo depois, quando já estávamos mais próximos, ela me emprestou os originais de *Batendo pasto*, e eu escrevi a orelha. Volta e meia eu lhe perguntava quando ia sair o livro, e ela desconversava. Foi só muitos anos depois, por volta de 2012, que ela quis me dar os originais de *Batendo pasto* e dos outros dois livros, dizendo que era para eu dar tudo ao Milton Ohata depois que ela morresse, para que ele publicasse. Me recusei a ficar com os originais, achando que era muita responsabilidade; com certa contrariedade, ela atendeu ao meu pedido de xerocar todo o material e deixar

só a cópia comigo. Quando, pouco depois, fui apresentado ao Ohata, em São Paulo, contei a ele que a MLA o tinha escolhido para editá-la depois que ela morresse. Ele ficou perplexo, não apenas por conta da estranheza da ideia de querer morrer primeiro para depois ser publicada, mas mais ainda por não ter nenhuma relação com ela, nenhum contato pessoal, nada. Por que o Ohata? Mais um mistério da Maria Lúcia.

Antunes também entende que ela não tinha interesse em ver o livro publicado em vida, ou ao menos não sem estar em parceria com um livro de Zé Pavão. Por outro lado, na lista de obras da autora registrada ao fim de *Vivenda*, ela informa suas obras inéditas, atestando que existia *Batendo pasto*, além do já mencionado *Vira-Folha*, que ela teria organizado com poemas de Zé Pavão, e de *Latifúndio*, uma recolha de poemas dos cinco irmãos Alvim, organizada por ela e prefaciada por José Guilherme Merquior, volume que hoje está com Umberto Alvim.

Batendo pasto é uma inflexão para o universo rural, quase selvático, da experiência de vida com Zé Pavão na Fazenda do Pontal. Segue a vertiginosa variedade de *A rosa malvada*, mas encontra caminhos que fincam a poeta num chão do corpo e do campo, como na elaboração sutil de "Figueira-brava", ou de "Manhã sem rusga", ou no poema de um verso só "Angelim":

O carinho é um outro caminho do corpo

É um livro fundido em vida, como muito do que ela fez, mesmo sob formas muito distantes de um subjetivismo sentimental. Aqui nada cede espaço para meros extravasos: corpo, carne, terra, bichos, plantas, tudo convive tensionado.

Não muito tempo depois, Maria Lúcia Alvim ainda deixará outro livro pronto sob os cuidados de Britto: *Rabo do olho*, também dedicado ao Pavão "em terra firme", obra que me parece estar em franco diálogo de continuidade com *Batendo pasto*, inclusive na falta de interesse de sua autora em publicá-la formalmente por uma editora. Feita artesanalmente como peça única, tem a data de 1992, em Pontal, composta com colagens também de textos, sobretudo trechos inteiros em francês extraídos de Flaubert, que junto com imagens produzem afetos complexos no leitor. Ao mesmo tempo, *Rabo do olho* leva ao extremo o gosto de Maria Lúcia Alvim por dialogar abertamente com outras figuras criadoras da literatura e de outras artes. Nesse emaranhado de espaços, subjetividades, afetos e corpos, um poema como "Penélope" é tanto uma recriação mítica do repertório canônico como uma afirmação da poeta sobre sua própria vida:

Tudo que vi
àquele bordado
prendi

Tudo que sei
ficou de lado
passei

Tudo que sinto
é simulado
minto

Tudo que penso
é mastigado
infenso

Tudo que sonho
é emaranhado
bisonho

Tudo que amei
por adiado
cansei

Tudo que fiz
desfiz por querer

Temos ainda um último livro artesanal, que estava nas coisas de Juiz de Fora e foi recolhido por Umberto Alvim, intitulado *Sala de branco – Vinte Variações*. Parece ter sido retrabalhado pelo menos de 2002 até 8 de junho de 2010, data de registro do texto de próprio punho em que a autora dedica toda a sua obra a Zé Pavão, situando a escrita do livro em Volta Grande. Ele está ligeiramente inacabado, seja pelo estado real da composição ou por um azar que o deixou guardado de modo menos óbvio.

Ali, Maria Lúcia Alvim se propôs a revisitar 20 obras que a marcaram na vida, em diálogo com 15 autores e autoras diferentes. Boa parte do material estava presente em *Rabo do olho* e aqui é reorganizada para um novo projeto. Como exemplo do que contém *Sala de branco*, cito "The Sick Rose", em diálogo com o poema homônimo de William Blake, mas numa chave de profunda ressignificação com o avanço da idade, ainda mais de Zé Pavão, que já chegava aos seus 80 anos:

The Sick Rose

Destile teu mel
ó, venenosa!

Mande que a brisa
te faça manhosa

À noite, o inseto
de asa ruidosa

Ronda teu leito
de amor e morte.

•

Não sei precisar exatamente quando o casal parece ter saído da fazenda erma para uma casa na cidade de Volta Grande, como me informou Montenegro. Nem quando exatamente Zé Pavão saiu da casa para morar com um de seus filhos, até falecer, a 30 de junho de 2006, depois de, parece, ter sofrido problemas do coração. Fato é que, não muito depois dessa perda, em novembro de 2011, Maria Lúcia Alvim foi a Juiz de Fora fazer uma cirurgia de catarata e acabou se mudando para o Hotel São Luiz, no número 360 da rua Halfeld, centro da cidade. Se no começo dos anos 1980 ela já tinha em grande parte abandonado a tal "vida literária", nesse momento final ela parece mesmo ter se retraído. Segundo Montenegro, no seu quarto de hotel, a poeta apinhava quantidades enormes de livros, que ocupavam tudo, inclusive o banheiro, impossibilitando o uso do chuveiro. Nessa época, a contragosto, ela tinha um grupo de cuidadoras que se revezavam, mas de quem não gostava, fora Luciana Oliveira Dias, com quem estabeleceu uma verdadeira amizade nos seus últimos anos. Era uma vida de limitações financeiras, estabilizada em grande parte pelo apoio do irmão Chico Alvim. Transcrevo mais um relato de Álvaro A. Antunes, desta vez publicado na revista *Opiniães*:

> Na última vez em que nos encontramos, ela já mudara para Juiz de Fora. Fui visitá-la no Hotel São Luiz, onde morava. Como nas do Pontal, nas paredes do seu apartamento (que era clarão, comovido pelos anos, arejado, o marulho da vida da cidade grande ali pingava sem cair jamais no chão), eram quadros, colagens, imagens. As superfícies ela cobria de recortes e textos e fotos, num arranjo dela só, cuidadoso, meditação de bordadeira. Para que pudesse, num lampejo, vê-los, tê-los? Parecia-me que, para ela, tudo à sua volta sibilava. Conversamos, contra seu gosto, da nossa saúde de velhos. Ela, bem. Defronte ao escrutínio, falcão, nunca pelúcia. Falamos de amigos comuns, de poetas passados, das mazelas das velas roídas de tantas tontas caravelas cansadas. Insisti, insisti. Ela declamou dois poemas, de cabeça: uma voz serena e senhora. Nunca tinha ouvido Lúcia declamar. Os poemas soavam úmidos do novo, roucos de manhã. Eram sonetos, vastos de vista, negros. Lembraram-me Sá de Miranda, e Donne, e Coleridge. Ouviu-me a reação como se o que eu falasse fosse o que lhe falava a chuva. Disse-me que, sim, estava escrevendo. Ao me despedir, me despedi por fim.

Ela escrevia ainda nessa época, e ainda trabalhou no livro de Zé Pavão até pelo menos 2016. Sei também que teve contatos de certa regularidade com os poetas Edimilson de Almeida Pereira e Prisca Agustoni, que moram na cidade. No entanto, sem gestos de publicação. Estaria talvez relegada ao esquecimento em vida. Mesmo assim, houve uma reedição de *XX sonetos* em 2011, feita pela Editora Bem-te-vi, mas sem grande impacto: talvez não fosse a melhor escolha naquele momento. Em 2012, o seu poema "Estância" saiu em formato bilíngue na enorme reunião *La poésie du Brésil. Anthologie bilingue du XVIe au XXe siècle*, organizada por Max de Carvalho a cargo da editora Chandeigne. Em 2015, Juliana Veloso, que assina o prefácio deste livro, escreveu uma dissertação de mestrado inteiramente dedicada ao *Romanceiro de Dona Beja*. De um modo ou de outro, quem topa com a obra não consegue seguir incólume.

Em 2016, Maria Lúcia saiu do Hotel São Luiz e foi para uma casa na rua Américo Lobo, bairro Manoel Honório, mantendo-se sob os cuidados de Luciana Dias. Chico Alvim contou que, "para essa casa, ela fez trazer os móveis, livros e quadros que haviam ficado em Volta Grande. De Volta Grande trouxe também um gatinho – Sal –, a que muito se afeiçoou; e que, meio fujão, deu causa, quando sumia, a grandes aflições, e quando retornava, maiores alegrias". Em março de 2018, ela se mudou para a residência terapêutica Vila Verde; ali Maria Lúcia Alvim viveria os seus últimos dias; dali também sairia uma última vez para lançar um livro, 40 anos depois de *A rosa malvada*.

Em janeiro de 2020, pouco antes de a pandemia de covid-19 assolar o planeta, eu fiz um modesto post na revista *escamandro* chamando atenção para a potência dos poemas de *Vivenda (1959-1989)*, livro que eu tinha acabado de ler depois de o encontrar num sebo. À época, eu mal sabia que ela ainda estava viva, mas, graças ao dínamo de Ricardo Domeneck e a Luciana Oliveira Dias, amiga e cuidadora da poeta, que mediou a conversa com generosidade para todos os lados, foi possível prestar uma homenagem em presença de Maria Lúcia, na Livraria Travessa de Botafogo, Rio de Janeiro, onde se descobriu que Britto tinha um livro inédito dela em casa: *Batendo pasto*. Domeneck a convenceu de nos deixar publicá-lo no mesmo ano, com 38 ciclos solares de atraso em relação à escrita, graças à Relicário, sob as ordens de Maíra Nassif. Também em 2020, a Douda Correria viria a publicar uma *Antologia poética* da autora em Portugal, em parte digitada e preparada por mim e por Domeneck. Felizmente, Maria Lúcia Alvim pôde acompanhar um pouquinho da releitura que se fez dali em diante. Não teve, porém, a felicidade de ver a premiação de *Batendo pasto* no ano seguinte: ao dia 3 de fevereiro de 2021, a poeta faleceu por causa da covid-19, mais um nome de tantos que morreram quando já existia vacina, atrasada por um governo delirante à frente do país. Segundo Chico Alvim, neste momento "as cinzas de Lucinha estão guardadas à espera de uma última viagem para o mar do Leme", no Rio de Janeiro, de volta às águas.

(Segundo Thereza Montenegro, Maria Lúcia Alvim nunca saiu do Brasil. Quando Montenegro a convidou para uma viagem a Paris, a poeta teria dito que não precisava dar um passo para fora do país, como fora o caso de Carlos Drummond de Andrade: talvez bastasse viajar por dentro da nação e da própria mente. Só aceitaria ficar uns dias em Paris se estivesse de frente para o rio. A viagem, como eu disse, nunca aconteceu.)

Depois de sua morte é que pudemos rastrear alguns poucos poemas esparsos, bem como os dois livros artesanais *Rabo do olho* e *Sala de branco*, que estão sendo publicados pela primeira vez nesta *Poesia reunida*. Não creio que possamos realmente chamar o que temos hoje de "poesia completa", porque é difícil demais mensurar quanto ainda há por descobrir. Sua obra, mais complexa ainda, envolve pinturas, colagens plásticas, poemas-colagens, trabalhos sobre capas de livros, objetos em geral etc. Aguarda ainda uma futura edição fac-similar dos livros-objetos que ela compôs e uma reunião dessas obras que não cabem facilmente em livro. Como eu disse em outro momento, talvez aí poderemos compreender como a colagem foi um procedimento de vida inteira: um *modus operandi*, quem sabe um modo de vida.

Nestes últimos três anos, o que eu pude ver foi um crescimento notável do reconhecimento de sua obra publicada. *Vivenda* virou um livro raro, os outros livros estão esgotados, *Batendo pasto* teve sucesso de crítica, de vendas e ganhou um prêmio, trabalhos acadêmicos têm se proliferado em lugares diversos do país. Agora dois livros se apresentam como novos.

É uma estrada abrindo-se no meio do capim bravo. Há muito por fazer.

Índice dos poemas

Dados Internacionais de Catalogação na Publicação (CIP) de acordo com ISBD

A475p

Alvim, Maria Lúcia

Poesia reunida: Maria Lúcia Alvim / Maria Lúcia Alvim; organizado por Guilherme Gontijo Flores, Ricardo Domeneck. - Belo Horizonte: Relicário, 2024.

564 p. ; 15,5 x 22,5 cm.
ISBN 978-65-89889-94-6

1. Literatura brasileira. 2. Poesia brasileira. I. Flores, Guilherme Gontijo. II. Domeneck, Ricardo. III. Título.

CDD: B869.1
CDU: 821.134.3(81)-1

Elaborado pelo bibliotecário Tiago Carneiro - CRB-6/3279

Índice para catálogo sistemático:
1. Literatura brasileira - Poesia. B869.1

COORDENAÇÃO EDITORIAL Maíra Nassif Passos
EDITOR-ASSISTENTE Thiago Landi
TEXTOS EDITORIAIS E TRADUÇÕES EVENTUAIS Guilherme Gontijo Flores
COLABORAÇÃO Chico Alvim, Umberto Alvim e Paulo Henriques Britto
TRANSCRIÇÕES Patrick Amorim
PROJETO GRÁFICO E DIAGRAMAÇÃO Ana C. Bahia
CAPA Estúdio Drama
FOTOGRAFIAS DA CAPA Ismael Cardim (1965) e Pury (2013)
PREPARAÇÃO Thiago Landi
REVISÃO Maria Fernanda Moreira
ELABORAÇÃO DO PROJETO Pedro Kalil
PRODUÇÃO EXECUTIVA DO PROJETO Ana Carolina Antunes

Este livro foi realizado com recursos da Lei Municipal de Incentivo à Cultura de Belo Horizonte – Nº 0187/2022.

/re.li.cá.rio/

Rua Machado, 155, casa 4, Colégio Batista | Belo Horizonte, MG, 31110-080
contato@relicarioedicoes.com | www.relicarioedicoes.com
relicarioedicoes relicario.edicoes

1ª edição [2024]

Esta obra foi composta com as famílias tipográficas Edita e Vinila e impressa sobre papel Avena 80 g/m² para a Relicário Edições.

REALIZAÇÃO:

PROJETO REALIZADO PELA SOCIEDADE CIVIL COM RECURSOS ORIUNDOS DA POLÍTICA DE FOMENTO À CULTURA MUNICIPAL

INCENTIVO:

LMIC LEI MUNICIPAL DE INCENTIVO À CULTURA

CULTURA

PREFEITURA BELO HORIZONTE trabalho energia coração